Anatole Leroy-Beaulieu

La Séparation de l'Église et de l'État

Le savoir
en poche

ISBN : 978-1548026615

10 9 8 7 6 5 4 3 2 1

Anatole Leroy-Beaulieu

La Séparation de l'Église et de l'État

Le savoir
en poche

Table de Matières

Introduction

Qu'entend-on par la séparation de l'église et de l'état ? Comment la conçoit-on chez nous et comment la pratique-t-en au dehors ? Quelles en seraient les conséquences dans notre France de la fin du XIXe siècle ? Autant de questions qu'il eût semblé oiseux d'aborder il y a quelques années. L'heure vient où ce qui paraissait du domaine de la théorie, pour ne pas dire de l'utopie, pourrait bien passer dans les faits. Les événements marchent, les événements nous poussent, et, loin d'avoir la prétention de les diriger, nos gouvernants se laissent humblement mener par eux là où souvent ils préféreraient ne pas aller. Des mesures que le pays ne réclame pas, auxquelles le pays, pris dans son ensemble, est manifestement contraire, sont votées par des majorités qui en réalité ne s'en soucient point, qui parfois même y répugnent, et qui les votent, parce qu'elles y sont entraînées par leurs votes antérieurs, parce qu'elles n'osent point revenir sur leurs pas et se séparer de minorités exigeantes qu'elles ont suivies trop loin pour ne pas craindre de les abandonner. C'est là qu'est le péril de la situation actuelle.

Cela semble particulièrement vrai des affaires religieuses. Le gouvernement et ses majorités s'y sont jetés en aveugles, en se promettant de faciles victoires, et maintenant ils ne savent trop comment en sortir. La séparation de l'église et de l'état peut ainsi être un jour prononcée par des hommes qui, hier encore, s'en proclamaient les adversaires résolus. Les ministres, dans leurs déclarations, l'agitent comme un épouvantail contre le clergé. Les commissions du budget, dans leurs rapports, se vantent de la préparer. De fait, il est vrai, ministres et députés lui demeurent en majorité opposés ; mais aujourd'hui nos chambres et notre gouvernement ne font pas toujours ce qu'ils veulent, ou ne veulent pas toujours ce qu'ils font. Les ministres sont souvent étonnés de ce qu'ils proposent, les députés affligés de ce qu'ils acceptent. Leur politique religieuse peut les entraîner jusqu'à une extrémité que la plupart redoutent. A la façon dont ils procèdent, ils risquent de s'y trouver bientôt acculés. Aussi la dénonciation du concordat est-elle une éventualité qu'il est bon d'envisager pendant qu'il en est temps encore. La France doit-elle s'y laisser conduire, que ce soit au moins les yeux ouverts, en voyant où on la mène.

Section I

On demande la séparation de l'église et de l'état, mais peut-on dire qu'en France l'église et l'état soient aujourd'hui réellement unis ? Nos lois ou nos mœurs politiques consacrent-elles encore l'association de ce que nos pères appelaient les deux pouvoirs ? Qu'on se rappelle comment le moyen âge concevait l'union « des deux luminaires » destinés à présider de concert aux sociétés humaines. Trouve-t-on rien de pareil chez nous ? Nos juristes sont-ils les disciples des scolastiques et enseigne-t-on, dans nos écoles, que la première condition d'un bon gouvernement est l'alliance et l'intime coopération de l'état avec l'église ? Voit-on dans les chambres de la république française, comme autrefois dans les palais des républiques italiennes, à Sienne, par exemple, des fresques symboliques, chargées de rappeler sans cesse à nos législateurs ce principe fondamental des sociétés chrétiennes ?

De nombreux états catholiques ou hétérodoxes ont, avec plus ou moins de logique, poursuivi, durant des siècles, ce noble et décevant idéal. Or, nous le demandons de nouveau, que reste-t-il en France aujourd'hui de cette ancienne tradition des âges de foi ? Où est, encore un coup, l'union entre l'église et l'état ? Avant de la briser il importe de savoir en quoi elle consiste.

Est-ce qu'en France les commandements de l'église sont lois de l'état ? Est-ce que ses préceptes font autorité vis-à-vis de la législation ou des tribunaux ? Le repos du dimanche est-il consacré par la loi, comme il l'est encore en tant d'états contemporains ? La profession du christianisme ou d'une religion quelconque est-elle obligatoire pour remplir une fonction publique ? Impose-t-on à nos députés où à nos fonctionnaires un serment religieux qui froisse la conscience des Bradlaugh français ? L'église a-t-elle des tribunaux particuliers, comme chez nous jadis, comme en Russie encore aujourd'hui ? A-t-elle, de même que le saint-synode de Pétersbourg, sa censure pour les livres qu'elle juge pernicieux ? Le clergé forme-t-il encore un ordre dans l'état, comme en France autrefois, comme naguère en Suède et aujourd'hui encore en Finlande ? Ses chefs, ses évêques sont-ils de droit au nombre des législateurs, s'asseyent-ils dans la chambre haute comme en Angleterre ou en Hongrie ? Les portes du sénat de la république s'ouvrent-elles spontanément devant la robe rouge des cardinaux ? Est-ce que les congrégations et les ordres religieux sont en possession de privilèges, et les vœux monastiques seraient-ils reconnus et sanctionnés par l'état ? L'instruction publique est-elle abandonnée aux mains du clergé et la loi lui reconnaît-elle un droit de tutelle sur les écoles et les établissemens d'enseignement ? Est-ce que la liberté de penser serait gênée par le concordat, ou la philosophie universitaire réduite au rôle de servante, « d'ancelle » de la théologie ? Le mariage religieux est-il le seul mariage légal et, comme dans une moitié de l'Europe, le clergé est-il toujours juge de la valeur et de la durée du lien conjugal ? Les registres de l'état civil ont-ils été rendus aux mains des prêtres et les maires placés dans la dépendance des curés ? Les pasteurs de l'église, en un mot, détiennent-ils une part de la puissance publique ? Exercent-ils, au nom de la loi, une influence quelconque sur les affaires nationales, départementales, communales ?

Non, l'église n'a aucun privilège politique ; elle ne possède aucun droit d'ingérence dans l'état ; elle ne jouit d'aucun pouvoir sur l'administration, la justice, l'enseignement : sur tous ces points, dans tous les domaines de la vie publique, il y a, en fait, séparation, et séparation complète [1]. Pour tout cela, l'état est entièrement sécularisé, ou, selon le barbarisme du jour, il est laïcisé. Il ne demande même plus à l'église ses prières. Loin que l'état ait un caractère confessionnel, il n'y a même pas en France de religion d'état. Les ministres de l'église, et la religion avec eux, ont été relégués dans le sanctuaire. La société civile et la société religieuse sont entièrement distinctes. Cela est si vrai que cela fournit un argument pour réclamer la rupture des derniers liens entre l'état et l'église. On reconnaît implicitement, on proclame avec fierté la sécularisation de la société et l'on dit que, dans une société laïque comme la nôtre, il ne peut subsister aucune attache, aucune relation officielle entre l'église et l'état, entre l'église confinée dans sa mission spirituelle, et l'état laïque devenu neutre ou indifférent en matière de foi.

Quels sont les liens qui, en dépit d'un siècle de sécularisation, persistent entre l'église et l'état ? Ils sont en somme très simples et très lâches ; ils n'ont rien des chaînes que, à d'autres époques, la puissance ecclésiastique a prétendu imposer à l'autorité temporelle ; ils n'ont rien de ce qui constitue une union effective, telle qu'il en subsiste encore en certains pays. En réalité, ce qu'il y a entre l'église et l'état, ce sont moins des liens proprement dits que des engagements mutuels. L'état et l'église, en rentrant chacun dans sa sphère propre, se sont entendus pour conclure un *modus vivendi*, destiné non à restaurer leur ancienne intimité, mais à faciliter leurs nouveaux rapports et à leur permettre de vivre côte à côte, en dehors de l'union brisée par la révolution. Ce *modus vivendi* est sorti d'un traité, conclu dans l'intérêt des deux parties, et où l'état n'a été guidé que par des considérations d'ordre politique et non d'ordre religieux. Ce traité, qui n'est autre que le concordat de 1801, a beaucoup moins été un traité d'alliance qu'un traité de paix ; le rompre serait une déclaration de guerre.

En quoi se résume, en réalité, l'acte de 1801 ? En deux clauses l'une au profit de l'église, l'autre au profit de l'état ; car, de même que la plupart des traités, le concordat a été conclu sur le principe du 'Do ut des'. L'église, durant la tourmente révolutionnaire, avait été dépouillée de ses biens et de ses temples ; le concordat lui a rendu ses temples et, en compensation de ses biens aliénés au profit de la nation, il a promis aux ministres du culte un traitement. L'état, en revanche, a reçu de l'église le droit de désigner ses principaux pasteurs, droit qui concède au pouvoir laïque une sorte d'autorité dans le sanctuaire, car en toute chose, et dans l'administration de l'église spécialement, le choix des personnes est de haute importance. A bien regarder les faits, il résulte du concordat que, s'il y a ingérence, empiétement d'un pouvoir sur l'autre, ce n'est nullement de l'église sur l'état, de l'autorité religieuse sur le pouvoir civil ; c'est bien plutôt du pouvoir civil sur l'autorité religieuse, de l'état sur l'église. Et cela s'explique par la situation des deux parties au moment où elles ont traité ensemble. L'état, représenté par le premier consul, était alors à l'apogée de sa force au dedans comme au dehors, tandis que l'église, ébranlée par la révolution en Italie non moins qu'en France, était humainement plus faible qu'à aucune époque antérieure ou postérieure. Si, entre l'église et l'état, il subsiste des liens réels, c'est bien plutôt l'église qui est liée à l'état que l'état qui est enchaîné à l'église. Veut-on voir là une servitude, laquelle des deux parties est asservie ? Est-ce la société civile, est-ce l'état qui nomme et qui paie, comme ses fonctionnaires, les ministres et les dignitaires de l'église ? Évidemment non ; si un pareil contrat avait quelque chose de servile et d'humiliant pour quelqu'un, ce serait bien plutôt pour l'église et pour ses ministres, choisis et payés par l'état. On sait que c'est ainsi qu'en jugeaient, vers 1830, nombre de catholiques, et non les moins illustres, Lamennais et Lacordaire ; ils voyaient, dans le régime inauguré en 1801, une sorte de servage ou de vasselage de l'église, ils prétendaient l'en affranchir au nom de la liberté, et comment ? Par la séparation. Quelque téméraires que fussent au point de vue pratique les vues de l'Avenir, Lamennais et Lacordaire étaient assurément plus logiques, en réclamant la séparation dans l'intérêt de l'église, que les libres penseurs qui la réclament dans l'intérêt de l'état.

Juge-t-on trop étroits les liens qui rattachent encore l'état à l'église, l'état n'a, pour les rompre, qu'à renoncer à la nomination des évêques et des curés, aussi bien qu'aux droits de police qu'il s'est arrogés par les articles organiques. Voilà vraiment ce que serait la séparation, et l'on ne voit pas ce qu'y gagnerait l'état. Car, pour le traitement du clergé, dont Lamennais et Lacordaire faisaient volontiers fi, pour le budget des cultes, ce n'est là en somme, nous y reviendrons tout à l'heure, qu'une dette de la nation, dette reconnue solennellement par ses représentants et que l'état ne pourrait répudier sans une mauvaise foi manifeste. En dehors du traitement qu'il reçoit et que l'on peut d'ailleurs justifier par des considérations d'intérêt public, nous ne voyons pas ce que le clergé perdrait à la dénonciation du concordat.

Que trouve-t-on, en effet, dans cet acte fameux, en dehors des points que nous venons de résumer ? Rien, si ce n'est la déclaration que la religion catholique « est la religion de la grande majorité du peuple français. » Mais ce n'est là que la reconnaissance d'un fait, assurément moins contestable aujourd'hui qu'au début du siècle. Il y a bien dans le concordat un article 1er, garantissant à la religion catholique l'exercice public de son culte ; mais le même article a soin d'édicter que le culte ne sera public « qu'en se conformant aux règlements de police que le gouvernement jugera nécessaires pour la tranquillité publique. » Et cette réserve, l'on sait comment l'entendent le gouvernement ou les municipalités. Dans une grande partie du territoire, le culte catholique est moins public qu'en des pays mahométans comme la Turquie. On dira que le clergé retire du système concordataire certains avantages indirects qui ont leur prix, l'exemption du service militaire notamment. Nous n'y contredirons pas ; mais encore pourrait-on observer que pareille exemption a été accordée au clergé dans un intérêt public, tout comme aux instituteurs et à maints fonctionnaires. En dehors même de cette considération, en dehors de l'obligation morale pour l'état de ne pas entraver le recrutement du clergé, nous nous permettrons de faire remarquer que, dans les pays où la séparation de l'église et de l'état est complète, aux États-Unis, par exemple, on n'a jamais, pas même au moment des levées en masse, durant la guerre de sécession, prétendu imposer le service militaire aux ministres des différentes confessions. On eût vu là une atteinte manifeste à la liberté religieuse et au libre exercice du culte. Pour songer à faire porter le mousquet aux curés ou aux séminaristes, il faut être en guerre plus ou moins ouverte avec l'église, comme l'est aujourd'hui la république en France, ou la monarchie de Savoie en Italie. Et cette exemption du service militaire, si le régime concordataire l'implique moralement, le concordat ne la garantit pas formellement. Pour se donner la satisfaction de faire passer les jeunes tonsurés du séminaire à la caserne, la dernière chambre ne s'est nullement crue obligée de dénoncer l'acte de 1801. D'après nos législateurs, la seule immunité qu'on ait laissée au clergé peut ainsi être supprimée par une loi, sans rompre avec la politique « strictement concordataire. » Qu'ont donc en vue les partisans de la séparation, puisque, pour priver l'église de la dernière apparence de privilège, ils affirment n'avoir pas besoin de supprimer le concordat ? Ce qu'ils poursuivent, sous le nom de séparation de l'église et de l'état, c'est tout bonnement la suppression du budget des cultes, c'est-à-dire la spoliation du clergé.

Section II

Il y a là une confusion due en partie à l'ignorance, en partie à la mauvaise foi. L'église et le clergé ayant chez nous perdu tout privilège public ou privé, ce que, par euphémisme, l'on réclame sous le nom de séparation de l'église et de l'état, ce n'est, pour la plupart de nos radicaux, que la radiation du budget des cultes. On confond, pour emprunter le langage de nos voisins d'outre-Manche, le *disestablishment* avec le *disendowment*. On semble croire que, entre l'église et l'état, entre un clergé et une nation, le principal trait d'union, ce sont les liens matériels et, pour tout dire, pécuniaires. Ce n'est pas là seulement un point de vue grossier, bien digne de démagogues ayant tout préoccupes des intérêts matériels ; c'est un préjugé d'ignorants, une erreur historique, une hérésie politique. Un budget des cultes n'est nullement le signe ou la condition de l'union de l'église et de l'état. Loin de là, cette union a duré des siècles en des pays où l'état ne servait aucun traitement au clergé, où l'église vivait de ses propres ressources, tout comme de nos jours aux Etats-Unis, sous le régime de la séparation. Bien mieux, dans le pays de l'Europe où l'église et l'état sont aujourd'hui le plus intimement associés, en Russie, l'église orthodoxe ne recevait naguère encore presque rien de l'état. C'est tout récemment qu'a commencé à s'introduire, dans les finances russes, une sorte de budget des cultes ou mieux du culte dominant. Jusque-là le clergé séculier, « le clergé blanc » vivait des libres redevances des fidèles, du casuel et de la vente des cierges. Cela n'empêchait pas l'église orthodoxe d'être légalement revêtue d'une sorte de monopole religieux ; cela ne l'empêchait pas d'être en possession de nombreux privilèges, de conserver ses tribunaux et même sa censure spirituelle : privilèges qu'elle payait naturellement au pouvoir en déférence et en dépendance.

Rien donc de plus erroné que de réduire le problème de la séparation de l'église et de l'état à une question de budget, à une question d'argent. S'il semble en être ainsi en France, c'est qu'ainsi que nous le constatons tout à l'heure, il n'y a plus en France d'église d'état ; c'est que, depuis la révolution, il n'y a pas de véritable union entre l'église et le pouvoir civil ; qu'en fait le *disestablishment* est accompli, la séparation des deux pouvoirs presque entièrement effectuée. Puisqu'en France la séparation se borne pratiquement à la suppression du budget des cultes, examinons un instant la nature de ce budget, les raisons que l'on fait valoir pour le supprimer, les raisons qu'on leur oppose pour le maintenir.

L'état, disent les partisans de la séparation, et c'est là leur argument le plus fréquent aussi bien que le plus sérieux, l'état ne doit employer les deniers publics que pour des services publics. Or, l'entretien du culte et de ses ministres n'est pas, à proprement parler, un service public La religion relevant de la conscience individuelle, chaque citoyen étant libre de croire ou de ne pas croire, c'est à l'individu, c'est au croyant de pourvoir aux besoins de son église. L'état ayant renoncé à s'immiscer dans les querelles religieuses et se proclamant lui-même incompétent en matière de doctrine, l'état n'a pas à se mêler de l'entretien des temples pas plus qu'à, s'immiscer dans la nomination des dignitaires ecclésiastiques. Cela est en dehors de sa sphère naturelle ; s'il continue à s'occuper de pareils soins, c'est un reste de l'alliance surannée de ce qu'on appelait les deux pouvoirs, un reste de l'ancienne confusion du temporel et du spirituel. Dans une société tout entière sécularisée, chez un peuple qui ne reconnaît d'autre pouvoir et d'autre souveraineté que l'état, un budget des cultes est une anomalie choquante. Cent ans après la révolution, cela devient un anachronisme. Il faut biffer du budget le chapitre des cultes, ou renoncer à tous les principes de la révolution pour revenir franchement à une église d'état ; car le régime actuel n'est qu'un compromis bâtard entre les préjugés ou les traditions de l'ancienne société et les principes essentiels du droit moderne. Si, comme vous le dites, la séparation est aux trois quarts effectuée, c'est une raison de plus pour l'achever résolument, sous peine de contradiction, sous peine d'illogisme.

Anatole Leroy-Beaulieu

Vulgaire ou savante, telle est en résumé l'objection la plus souvent dirigée contre le régime concordataire. Il serait puéril d'en contester la valeur. Elle s'appuie sur des idées dont est pénétrée toute notre société moderne. Elle a pour elle l'autorité toujours si grande des théories absolues, avec le prestige de la logique qui impose à la masse des intelligences. Elle aurait, par cela seul, la faveur de la démocratie, partout éprise des idées simples et des solutions tranchées, parce qu'elle n'a ni assez de lumières ni assez de réflexion pour saisir la complexité des choses.

Sur les esprits cultivés au contraire, sur les esprits politiques en particulier, médiocre est la recommandation de la logique. Ils savent qu'en politique, rien n'est dangereux comme d'aller à l'extrémité des principes. Pour les gouvernements, les maximes spéculatives sont loin d'être toujours des guides sûrs ; mieux vaut parfois l'empirisme. La logique est l'opposé de la politique et l'homme d'état habite aux antipodes du géomètre. Aussi, l'accusation d'inconséquence ne suffit-elle pas en pareille matière à motiver une condamnation, ou bien il est permis d'appeler de la sentence.

L'inconséquence est-elle cependant aussi manifeste qu'elle le paraît à certains esprits ? Est-il interdit de s'inscrire en faux contre la contradiction ? Nous n'avons pas en vue en ce moment les partisans de l'union intime de l'église et de l'état, les théologiens ou les philosophes pour lesquels l'alliance du spirituel et du temporel est la règle, la norme éternelle dont les sociétés ont le devoir de ne pas s'écarter. A ceux-là nous ne disputerons pas le droit de déclarer le régime actuel essentiellement inconséquent et illogique. Nous parlons ici des hommes qui, avec la plupart des publicistes modernes, sont convaincus de l'incompétence de l'état en matière de doctrine. Pour ceux-là, pour ceux qui ne croient pas que l'état ait charge d'âmes, y a-t-il contradiction à lui laisser le fardeau de l'entretien du culte en lui refusant le droit de juger la doctrine ? Est-il vrai que, s'il subventionne les ministres de la religion, l'état doit s'ériger en juge, de la religion ; et que, s'il renonce à imposer un dogme, il doit renoncer à l'entretien de tout culte ?

Pour résoudre la question, il faudrait d'abord s'entendre sur ce qui est du domaine naturel de l'état, en d'autres termes, sur les attributions et sur les limites de la puissance publique. Or, quel problème plus complexe, plus délicat ? Quel problème a jamais reçu des solutions plus diverses selon les époques, selon les écoles, selon les intérêts des partis ? Quels sont les devoirs et quels sont les droits de l'état, ce serait là en vérité la première question à trancher, et tout homme de bonne foi confessera que ce n'est point là une besogne aisée. Nous la laisserons provisoirement à de plus présomptueux, nous bornant ici à une ou deux remarques.

A d'autres époques, il a pu être facile de raisonner sur ce terrain, tout le monde étant à peu près d'accord en principe. Il n'en est plus de même aujourd'hui ; jamais les hommes n'ont plus discuté sur la nature et les fonctions de l'état, et jamais ils ne se sont moins entendus. Les uns, fidèles aux traditions politiques ou économiques de l'école libérale, redoutent l'extension démesurée des pouvoirs publics aux dépens de la liberté et de l'initiative individuelles. Les autres, cédant aux penchants autoritaires et aux impérieuses exigences de la démocratie, tendent à élargir en tous sens les attributions des pouvoirs publics [2]. Or, dans lequel des deux camps se recrutent la plupart des tenants de la séparation de l'église et de l'état ? Il semble que ce devrait être surtout parmi les libéraux enclins à resserrer les limites de l'action de l'état. Est-ce là ce que nous voyons ? Chacun sait que c'est précisément le contraire. Si, parmi les libéraux, il se rencontre encore quelques partisans théoriques de la séparation, tels que naguère M. Laboulaye, ou M. de Pressensé aujourd'hui, c'est là, en France, une exception. Les plus nombreux comme les plus bruyants avocats de la séparation appartiennent sans conteste à la démocratie radicale, dont toutes les doctrines poussent à l'extension de la sphère des pouvoirs publics. Les hommes qui réclament hautement de nouvelles et multiples fonctions pour l'état, ou pour la commune, sont précisément ceux qui dénient le plus catégoriquement à la commune ou à l'état le droit d'entretenir le culte. Il y a là une logique *sui generis* qu'il n'est pas inutile de signaler, et dont les déviations s'expliquent non pas par les principes, mais par les passions.

Quelles facultés, en effet, ne revendique pas pour l'état une certaine démocratie, et quelles charges, en même temps, n'a-t-elle pas la prétention de lui imposer ? A l'état, suivant elle, non seulement l'administration, la justice, la police, mais l'enseignement sous toutes ses formes, mais la bienfaisance, mais les assurances, mais le crédit et les monopoles financiers ou industriels, avec la tutelle de tous les citoyens. A l'état, érigé en Providence terrestre, de veiller au bien-être de chacun, de satisfaire à tous les besoins physiques et moraux de l'humanité. Et les démocrates, qui prêchent cette extension de la vigilance et de l'activité de l'état à toute la vie matérielle et intellectuelle du citoyen, ne songent pas que, pour certains esprits, le sentiment religieux puisse être au nombre de ces instincts de l'humanité que l'état a mission de satisfaire.

L'instruction, l'éducation des générations nouvelles est proclamée comme une des fonctions essentielles de l'état. Pour la lui faire mieux remplir, on n'hésite pas à lui faire enseigner dans ses écoles une morale officielle, dite laïque et scientifique, qui tient la place de l'ancien catéchisme ; et l'on ne pense point que nombre de chefs de famille peuvent voir dans la religion un moyen d'éducation et une maîtresse de morale, un peu plus efficace que les meilleurs manuels de morale civique. De tous les procédés d'éducation auxquels puisse recourir la pédagogie, on oublie que la religion est encore le plus simple et le mieux adapté à l'enfance, le plus pratique et le plus démocratique, car il est à la portée de tous, et l'on ne voit pas que, dans l'intérêt même de l'état, il doit rester à la portée de tous. On admet que l'état doit encourager tout ce qui assure l'ordre public, tout ce qui peut contribuer au progrès des mœurs ; et l'on ne sait pas que, pour nombre d'esprits, les bonnes mœurs n'ont pas de meilleur garant que les idées religieuses, que l'évangile et le christianisme. Libre à chacun de ne voir dans le prêtre, selon une expression de la révolution, qu'un officier de morale ; mais, pour combien de millions de Français de tout âge et de tout sexe, cet officier de morale ne vaut-il pas le gendarme ou le sergent de ville ? N'est-ce point Montesquieu qui écrivait : « Moins la religion sera réprimante, plus les lois civiles devront réprimer [3]. »

Pour le véritable homme politique, de même que pour le penseur uniquement soucieux du bien public, c'est là le point de vue le plus simple aussi bien que le plus sûr. Quelque opinion qu'on ait de la valeur intrinsèque des différentes formes religieuses, la religion demeure incontestablement aujourd'hui, tout comme à l'enfance des sociétés, un agent de moralisation, un agent d'éducation. Sur le roc de l'égoïsme, sur le sable de la frivolité, elle sème gratuitement la vertu et le dévouement, et, pour les maux de l'existence, elle a des consolations dont nul autre ne possède le secret. Elle dresse le pauvre à la patience et à la résignation, le riche à la charité et à l'humilité. Elle enseigne l'égalité et la fraternité. A ce titre, l'état et le gouvernement ont tout profit à l'encourager et à en subventionner les ministres. La religion reste en somme la plus profonde comme la plus ancienne base des sociétés humaines. Telle est la vérité, tel est, pour tout homme sans préjugés, le point de vue pratique, et en politique, rien encore une fois ne vaut le point de vue pratique. A cet égard, il ne saurait, en dehors des fanatiques de la libre pensée, y avoir de doute pour personne. L'intérêt social est évident et l'état n'a pas le droit de s'en désintéresser. C'est là un tel lieu-commun qu'insister serait faire injure au lecteur ; nous nous le permettrons d'autant moins que nous l'avons récemment fait ailleurs [4]. On a le droit de se demander s'il peut y avoir un peuple libre, sans foi à Dieu et à la liberté morale ; il n'est pas permis d'imaginer que la société et la morale publique aient à se féliciter du déclin du sentiment religieux.

Nous sommes, pour notre part, de ceux qu'effraie l'extension croissante des fonctions que s'arroge l'état. Nous sommes aussi de ceux qui professent l'incompétence de l'état en matière de foi et refusent au pouvoir le droit d'imposer un dogme religieux ou philosophique. A ce double égard, nous serions résolument opposés à ce que l'état s'ingérât dans les affaires de la conscience individuelle ; à ce qu'il prétendît s'ériger en maître et en directeur des âmes. Si nous dénions à l'autorité publique le droit de violenter les consciences ou de prendre parti dans les querelles théologiques, nous croyons que, au point de vue du bien de la société et du véritable patriotisme, l'état a tout avantage au maintien et à la diffusion des idées religieuses qui, pour nombre de créatures humaines, se confondent avec l'idée même du devoir. Cela seul, à notre sens, l'autoriserait à subvenir aux frais du culte, ce qu'il peut faire, pour son propre bien et pour sa propre fin, sans devenir le champion d'aucun dogme, en conservant même la neutralité entre les diverses doctrines. N'est-ce pas ainsi, du reste, que les choses se passent en France ? En pareil cas, qu'on veuille bien le remarquer, si l'état prête à la religion un concours pécuniaire, c'est en vue d'avantages temporels et non pour des considérations théologiques, c'est dans l'intérêt moral et matériel de la société et non dans l'intérêt d'une église. Cela est particulièrement manifeste lorsqu'ainsi qu'en France, l'état, dans son impartialité, subventionne à la fois différons cultes.

Qu'un théologien blâme cette indifférence doctrinale, qu'il se scandalise de voir ainsi la vérité et l'erreur mises officiellement sur le même rang, le théologien peut être dans son rôle ; mais qu'on ose soutenir qu'une pareille conduite froisse la liberté de conscience ou blesse les droits individuels, quel homme de bonne foi saurait l'admettre ? Je n'ignore pas qu'en certaine école il est de mode de dire que c'est aux dévotes qui fréquentent la messe, de payer les curés ; aux Français qui ont du goût pour le plain-chant ou pour le parfum de l'encens, d'entretenir les autels. Ce raisonnement est devenu banal et il n'en vaut pas mieux pour cela. Ceux qui le tiennent oublient qu'il pourrait s'appliquer à bien d'autres choses qu'à la religion. En le prenant à la lettre, ce ne serait pas seulement le budget des cultes qu'il faudrait supprimer, ce serait bien d'autres budgets, celui de l'instruction publique d'abord, à commencer par l'enseignement supérieur, qui, pour la plupart de nos paysans ou de nos ouvriers, n'est qu'un luxe inutile. Ce serait ensuite le tour de l'agriculture, du commerce, des travaux publics, puis de la justice et des tribunaux civils, car, au lieu de fournir des juges aux plaideurs, l'état ne pourrait-il les laisser s'arranger entre eux ? Avec ce raisonnement on pourrait tout supprimer de proche en proche, et de préférence tout ce qui fait l'éclat et la fleur de notre civilisation. On a souvent cité comme exemple les musées, les théâtres, qui reçoivent des subventions de l'état ou des communes, bien que tous les citoyens n'en profitent pas, que plusieurs même les condamnent par principes. On a souvent demandé pourquoi l'état s'interdirait d'entretenir des églises alors qu'il entretient des écoles d'actrices et de danseuses qui, si elles servent aux mœurs, y servent d'une tout autre manière. Ne pourrait-on pas aussi bien dire, par ce temps d'instruction obligatoire et de laïcisation à outrance, que c'est aux partisans de la laïcité de payer les écoles laïques, et que les familles qui n'y veulent pas envoyer leurs enfants sont en droit de refuser leur argent ?

C'en est assez de ce grossier argument ; il est trop aisé de le retourner contre les apôtres du laïcisme. En traitant la religion comme un service public, l'état, dès qu'il respecte la liberté des croyances, ne nous parait ni empiéter sur les droits de l'individu ni sortir de ses fonctions naturelles ; il travaille simplement à l'accomplissement de sa fin, c'est-à-dire au bon ordre de la société. Il est temps, du reste, de quitter le terrain du droit abstrait, qui de loin semble uni et facile et qui n'en est souvent que plus glissant et dangereux. Il est des questions dans lesquelles la lointaine et douteuse lumière des principes spéculatifs ne vaut pas les clartés de l'histoire et du droit positif. En pareille matière, la méthode historique est encore, croyons-nous, la moins trompeuse. Rappelons-nous l'origine du budget des cultes en France, les circonstances et les conditions dans lesquelles il a été établi ; c'est la meilleure façon de juger de son maintien ou de sa suppression.

Section III

Où remontent chez nous le budget des cultes et le salaire du clergé ? A la révolution et à 1789. Les partisans de la séparation de l'église et de l'état prétendent s'appuyer sur les principes de la révolution ;

ils oublient que le régime qu'ils prétendent détruire a précisément été imaginé par la révolution. Nous pourrions en tirer parti pour soutenir que c'est le seul conforme aux principes de 1789. Nous ne le ferons point : les principes sont de leur nature vastes et vagues ; ils recèlent souvent des conséquences qui n'apparaissent qu'après coup et échappent à ceux qui les proclament. Ainsi en est-il particulièrement de la révolution et des principes de 1789. Bien présomptueux qui prétendrait en limiter la portée, bien clairvoyant qui discerne tout ce qui en doit sortir. Pour notre part, nous nous contenterons de remarquer que, la révolution ayant elle-même inventé de salarier le clergé, il est malaisé de persuader que cela soit en contradiction manifeste avec ses principes. Il faut à tout le moins distinguer entre la révolution abstraite, impersonnelle, que chaque génération ou chaque école se représente à son gré, et les idées, les conceptions des hommes mêmes de la révolution.

Or, pour ces derniers, aucun doute. Aux yeux des plus grands ou des plus marquants, de Mirabeau jusqu'à Danton et à Robespierre, l'entretien du culte était essentiellement un service public. Je ne crois pas que jamais on ait proclamé ce principe plus haut qu'à l'assemblée constituante. Ses orateurs soutenaient que, l'entretien du culte étant un service public, c'était à l'état, et non aux particuliers ou aux fondations privées, de s'en charger. Mirabeau affirme à mainte reprise que « l'état doit à chacun de ses membres les dépenses du culte ; que le service des autels est une fonction publique ; que, la religion appartenant à tous, il faut que ses ministres soient à la solde de la nation, comme le magistrat qui juge au nom de la loi, comme le soldat qui défend au nom de tous des propriétés communes [5]. » Et, de fait, l'une des erreurs de la révolution en pareille matière est d'avoir si bien regardé le culte comme une fonction publique, qu'elle a fini par ne voir dans le prêtre qu'un fonctionnaire public. De là le vice radical, de là le fatal malentendu de la constitution civile du clergé, l'une des choses qui ont le plus contribué à jeter la révolution dans la voie de la violence et du sang [6].

Aux yeux de Mirabeau et de la constituante, « le service des autels est une dette de l'état. » Et dans quel sens est-ce une dette ? Aujourd'hui, par exemple, les catholiques disent la même chose ; et ils le disent, comme nous le rappellerons tout à l'heure, dans le sens propre du mot, l'état étant devenu le débiteur de l'église en s'emparant de ses biens. Le raisonnement de Mirabeau est tout autre ; il est en quelque sorte inverse, et bien autrement explicite sur l'obligation de l'état vis-à-vis de la religion. L'orateur de la constituante s'appuyait sur ce que l'entretien du culte était une dette de l'état pour revendiquer, au profit de la nation, la propriété des biens du clergé. Si singulière que nous semble cette argumentation, elle vaut la peine d'être signalée, ne serait-ce que pour montrer combien, sur ce point, les vues des hommes de 1789 étaient différentes des vues de ceux qui se donnent comme leurs continuateurs. L'état devant à ses membres les dépenses du culte, les princes, les corporations, les particuliers qui avaient enrichi le clergé n'avaient fait, disait-on, que « pourvoir à une dépense publique. » Par suite, la nation avait, selon Mirabeau, le droit de reprendre les biens donnés en son nom, à condition de se charger elle-même d'une dépense qui lui incombait naturellement. Peu importe la valeur de ce raisonnement, il a été sanctionné par les votes de la constituante, et l'on voit qu'il n'a rien de commun avec le système des laïcisateurs contemporains, pour lesquels la religion est un objet essentiellement privé que le législateur doit ignorer.

Pour Mirabeau et pour la constituante, l'entretien du culte était ainsi une obligation de l'état ; mais combien cette obligation n'est-elle pas devenue plus stricte depuis que l'état s'est approprié les biens ecclésiastiques et qu'en le faisant l'état s'est engagé solennellement à fournir au clergé et aux églises les ressources qu'ils tiraient jusque-là de leurs terres ? C'est là un fait sur lequel nous ne pouvons passer légèrement ; car, est-il permis de discuter *in abstracto* si l'entretien du culte incombe ou non à l'état, il n'est pas permis d'oublier qu'en France l'état s'en est chargé par un engagement formel, et que cet engagement, qui n'avait rien de gratuit, rien ne l'autorise à s'en délier.

En mettant les biens du clergé « à la disposition de la nation, » la constituante, par l'organe de Mirabeau, tenait à se défendre du reproche d'usurpation de la propriété. Sur ce point, elle était loin d'être insensible aux objections de l'abbé Maury et de Cazalès. Elle sentait fort bien que violer une propriété, de quelque ordre qu'elle fût, c'était menacer toutes les autres. Si Mirabeau et l'assemblée constituante s'élevaient contre la perpétuité des fondations, c'était, avaient-ils soin d'assurer, dans la forme où ces fondations avaient été établies. En en transmettant la gestion à l'état, ils prétendaient ne pas les détourner de leur objet ; ils ne s'en attribuaient même pas le droit. Que ces fondations provinssent des largesses des princes, des corporations ou des particuliers, Mirabeau soutenait « qu'en se les appropriant, sous la condition inviolable d'en recueillir les charges, la nation ne portait aucune atteinte au droit de propriété ni à la volonté des fondateurs, » deux choses que la constituante prétendait respecter, sentant bien qu'autrement la sécularisation des biens de l'église n'eût été qu'une pure et simple confiscation. D'après Mirabeau et les hommes de 1789, la nation, en mettant la main sur les biens du clergé, ne faisait en quelque sorte que reprendre l'administration de ces biens, sans aller contre l'intention de ceux qui les avaient donnés à l'église « pour la religion, pour les pauvres et le service des autels. » Selon le grand tribun, les ecclésiastiques n'étaient réellement pas propriétaires des biens de l'église ; ils n'en étaient même pas, à proprement parler, usufrutiers, comme l'admettait Talleyrand ; ils en étaient simplement les dispensateurs, les dépositaires, point de vue trop oublié du clergé et plus encore de la cour et des princes, qui si longtemps avaient distribué les biens d'église à leurs créatures. Les revenus ecclésiastiques avaient, sous l'ancienne monarchie, été si souvent détournés de leur destination première qu'en en rendant la gestion à l'état, en lui donnant le droit d'en user pour certaines nécessités publiques, on pouvait se persuader qu'on en disposait d'une manière plus conforme aux vœux des fondateurs.

Quels que fussent leurs mobiles secrets, les constituants étaient unanimes à reconnaître le droit du clergé et des édifices religieux à être entretenus à perpétuité sur le produit des biens de l'église, devenus biens nationaux. Mirabeau insistait, vis-à-vis de la droite de l'assemblée, sur ce que son objet n'était point de demander que le clergé « fût dépouillé pour mettre d'autres citoyens à sa place. » Il déclarait même n'avoir nulle intention de soutenir « que les créanciers de l'état dussent être payés sur les biens du clergé, parce qu'il n'y a pas de dette plus sacrée que les frais du culte, l'entretien des temples et les aumônes des pauvres [7]. » A l'heure même où elle s'emparait des terres du clergé, en lui déniant le titre de propriétaire, la révolution proclamait le droit de l'église de France à vivre du revenu des biens qu'on lui enlevait [8].

Voilà quels arguments ont décidé l'assemblée constituante à séculariser la fortune du clergé ; voilà les principes qu'on mettait en avant en 1789. Est-on curieux de voir en quels termes la constituante a procédé à la sécularisation des biens de l'église ? Voici le texte de son « décret » du 2 novembre 1789, décret dont presque tous les termes étaient empruntés à la rédaction de Mirabeau : « L'Assemblée nationale déclare que tous les biens ecclésiastiques sont à la disposition de la nation, à la charge de pourvoir d'une manière convenable aux frais du culte, à l'entretien de ses ministres et au soulagement des pauvres [9]. » Cela est-il assez net et l'engagement est-il assez solennel ? Comment, après cela, s'étonner que le clergé ose prétendre que son traitement n'est qu'une indemnité et que son maigre salaire

constitue une véritable dette ? Comment contester qu'en bonne justice il a, vis-à-vis de l'état et de la nation, une créance que le pays ne
peut nier qu'en violant la parole donnée en son nom par la constituante et en se mettant moralement dans l'obligation de restituer au
clergé les biens qui le faisaient vivre ? Est-ce au moment où la France
s'apprête à fêter le centenaire de la révolution qu'elle ira oublier de
pareilles promesses ? Ce serait une singulière manière de célébrer
1789 que de manquer à tous ses engagements. Supprimer le modeste
traitement du clergé en gardant tout le revenu de ses biens sécularis-
és, ce ne serait pas seulement faire banqueroute à l'église, ce serait
faire banqueroute à la révolution.

Car, encore une fois, c'est la révolution, bien avant Napoléon, qui a
reconnu le droit du clergé à un traitement Le concordat n'a fait que
reprendre, après la tourmente de la Terreur et le chaos du Directoire,
l'œuvre de la constituante. En traitant avec l'église, en rétablissant
le budget des cultes, tout comme en rédigeant le code civil, Napoléon n'a fait qu'exécuter un legs de la révolution, qu'achever la tâche
entreprise par elle [10]. Il l'a fait avec plus de sens pratique ou plus de
connaissance des choses, éclairé par les erreurs et les mécomptes
des auteurs de la constitution civile du clergé. Il l'a fait d'accord avec
l'église, de façon que ce qui était un engagement de l'état est devenu
un contrat entre l'état et la papauté. Ce n'est qu'à ce titre, du reste, en
échange du traitement promis à ses ministres, que l'église, dûment
représentée par le souverain pontife, s'est désistée de toute revendi-
cation de ses biens confisqués [11]. Le budget des cultes constitue ainsi,
devant l'histoire, une véritable dette, et cela est si vrai que la révolution l'avait elle-même formellement considérée comme telle [12].

On se plaît souvent à comparer les rapports actuels de l'église et de
l'état à un mariage mal assorti dont les deux conjoints ont intérêt à
rompre les chaînes. Dans ce cas, le concordat est le contrat de mariage des deux époux. Ils ne peuvent se séparer sans renoncer aux
avantages qu'ils se sont assurés par ce contrat ; et, pour l'état, l'un
de ces avantages est la paisible jouissance des biens ecclésiastiques.
On prétend, pour le bien mutuel des deux intéressés, prononcer le
divorce. Très bien ; mais, en cas de divorce, il est d'usage de rendre à
la femme la fortune apportée par elle. Or ici la dot, ce sont les biens
de l'église auxquels l'église n'a renoncé, par l'organe de Pie VII, qu'en
échange d'une indemnité. Renvoyer la femme et garder la dot sans
même lui faire de pension, c'est un procédé qui, dans tous les pays du
monde, passerait pour peu correct. Veut-on effectuer quand même
la séparation : qu'on abandonne à l'église ce qui lui revient légitime-

ment, ce que l'état a, en 1801, comme en 1789, juré de lui conserver ; qu'on capitalise à son profit le budget des cultes et qu'on lui en remette le montant en titres de rente, ou bien, si on le préfère, qu'on lui en serve à perpétuité les intérêts en les inscrivant au chapitre de la dette. Voilà quelle serait la séparation équitable qui ne violerait aucun droit. Elle consisterait à rendre à l'église sa liberté en lui laissant ses revenus. C'est à peu près ce qu'ont fait nos voisins de Belgique ; mais ce n'est pas du tout ce qu'on parait vouloir faire chez (1) nous. Et, en vérité, nous sommes, pour notre part, trop préoccupés des intérêts de l'état et de la société civile pour conseiller une pareille solution. Si l'on exige le divorce, c'est pourtant la seule manière honnête de divorcer. Tout autre procédé, de quelque nom qu'on le décore, ne serait toujours qu'une spoliation, c'est-à-dire ce que la révolution elle-même a prétendu éviter.

Il a beau être de mode, dans certaine école, de faire fi des droits historiques les mieux établis, on comprend que l'église n'oublie pas des titres aussi authentiques et persiste à se considérer comme créancière de l'état. Pour nier son droit, il faut, avec les courtisans du bon plaisir populaire, regarder comme non avenus non pas les legs obscurs de siècles lointains, mais les engagements les plus solennels de la France moderne ; il faut nier toute solidarité entre les diverses générations et répudier sans façon les dettes des pères quand elles gênent les fils. Les protestants et les israélites ne sauraient, il est vrai, faire valoir à cet égard les mêmes droits que les catholiques. Entre eux et l'état, il n'y a ni les mêmes engagements ni les mêmes contrats. Est-ce à dire que l'état français, l'état qui a commis tant de violences sur leurs personnes et d'usurpations sur leurs biens, n'ait aucune dette vis-à-vis d'eux ? Juifs et protestants ne pourraient-ils, en un sens, être regardés comme ayant, eux aussi, sur la France une sorte de créance morale ? Pourquoi le modique budget qui leur est alloué ne serait-il pas considéré comme une indemnité, comme une mince réparation pour les persécutions et les spoliations dont les uns et les autres ont été si longtemps victimes ? Quand on se remémore les traitements infligés aux réformés, de la révocation de l'édit de Nantes à la veille de la révolution, leurs temples rasés, leurs ministres traqués et envoyés aux galères, leurs communautés dispersées sous peine de mort, leurs propriétés corporatives ou privées confisquées, il semble de la plus vulgaire équité de les aider à rouvrir leurs églises, fermées par Louis XIV « en violation de la foy publique » et de la parole royale, l'édit de Nantes ayant été déclaré « perpétuel et irrévocable » par le plus moderne de nos anciens rois. Qu'on lise les éloquentes revendications de Jurieu, de Du Bosc, de Claude, d'Abbadie, de Saurin [13], et qu'on dise si les coreligionnaires de ces proscrits, si les héritiers des pasteurs du désert, si les descendants des huguenots qui, malgré toutes les persécutions, ont assez aimé la France pour ne pas la quitter, n'ont point autant de droit à une indemnité de la nation que les victimes du 2 décembre ? Et ce qui est vrai des protestants l'est non moins des juifs, eux aussi frappés en dépit des promesses qui les avaient attirés [14], des juifs asservis, rançonnés, pillés, exilés, brûlés, non plus durant une centaine d'années, mais pendant des siècles entiers. Si la révolution française s'est fait gloire de réparer les erreurs et les crimes de l'ancien régime, rien n'était plus digne de la France nouvelle que de ne point oublier les protestants et les juifs ; rien n'était plus d'accord avec ses principes que de subventionner les cultes de la minorité aussi bien que la religion de la majorité. Pour tous ceux qui croient à la solidarité des générations dans une même patrie, le budget des cultes, tel qu'il a fonctionné au XIXe siècle, est fondé sur l'équité historique non moins que sur l'intérêt bien entendu de l'état. C'est un devoir de justice autant qu'un acte de haute politique [15].

Quant à l'inconséquence d'un gouvernement qui subventionne à la fois des doctrines contradictoires, nous laissons aux partisans des religions d'état le soin de s'en scandaliser. Au point de vue politique, le seul qui puisse trouver place ici, nous ne voyons là qu'une marque d'impartiale tolérance, une application du principe d'égalité devant la loi. Cela prouve simplement que, pour salarier les ministres du culte, l'état ne s'est fait ni le serviteur ni l'agent d'une doctrine. Cela prouve qu'alors même qu'il pourvoit aux besoins de la religion, l'état n'est guidé que par des considérations d'ordre temporel, les seules qui soient de sa compétence. Cela montre que, d'accord avec la notion de l'état moderne, l'état, en tant qu'état, n'est ni catholique, ni protestant, ni juif ; mais cela montre aussi qu'en dépit des axiomes de certains logiciens, malgré les prétentions des uns et les préventions des autres, l'état laïque n'est pas forcément athée ni, encore moins, antireligieux.

Section IV

Le traitement du clergé n'est pas seul en cause dans la séparation des églises et de l'état. L'eut, en effet, ne pourvoit pas uniquement à l'entretien des ministres de la religion ; l'état, ou, à son défaut, les communes, pourvoient également à la construction ou à l'entretien des édifices du culte, des églises, des presbytères, des séminaires. De là, dans l'hypothèse de la séparation, un second problème, en réalité peut-être plus ardu que le premier. En séparant l'église de l'état, que fera-t-on des cathédrales catholiques, des temples protestants, des synagogues israélites, des mosquées musulmanes, aujourd'hui attribués par la loi aux cultes reconnus par l'état ? C'est là une des premières questions à poser aux partisans de la séparation, car elle n'intéresse pas seulement le culte, mais une chose à nos yeux non moins sacrée que la liberté religieuse, une chose dont, libre penseur ou athée, aucun Français n'oserait encore faire fi : l'art, l'histoire, la civilisation nationale.

On sait quelle est en droit la situation des églises. Quelques-unes, les cathédrales, par exemple, font partie du domaine de l'état ; la plupart, les églises paroissiales notamment, sont censées appartenir aux communes. Mais quand l'état, le département ou la commune auraient légalement la propriété des édifices religieux, l'église et les ministres des différents cultes en ont légalement la jouissance. Le propriétaire des édifices consacrés au culte, c'est-à-dire l'état ou la commune, a-t-il, en bonne conscience, le droit d'en changer la destination ? Est-il libre d'en évincer l'usufruitier ? Nous parlons ici du droit moral et non pas naturellement du droit légal, créé et modifié à volonté par des législateurs changeants, passionnés, qui, dans l'intérêt de leurs haines ou de leurs convoitises, peuvent aller jusqu'à méconnaître les titres de propriété les plus authentiques. Pour être votées par la majorité d'une chambre ou d'un conseil municipal, certaines « désaffectations » n'en constitueraient pas moins une confiscation.

Veut-on procéder en bonne justice, conformément aux notions de l'équité la plus élémentaire, on ne saurait décider de la propriété et du sort des églises sans se demander par qui et pour qui les églises ont été construites. La première question est-elle douteuse, la seconde ne l'est guère.

Par qui ont été édifiées les cathédrales ? par qui les églises paroissiales des villes ou des villages ? Est-ce bien toujours par l'état et par les communes qui s'en attribuent la propriété ? Cela peut être, mais ce n'est assurément pas là une règle générale. Beaucoup d'églises de tout âge et de toutes dimensions ont été construites par les évêques, beaucoup par les moines, d'autres par des confréries, d'autres par des particuliers. Un grand nombre d'édifices religieux, parfois les plus vastes et les plus beaux, ne sont que d'immenses *ex-voto* de pierre, érigés au sortir des guerres ou des pestes du moyen âge. Le plus souvent la cathédrale, l'église a été élevée à la fois par le clergé et les laïques, par les princes et les communes, les générations s'en transmettant l'une à l'autre l'achèvement et l'embellissement sans que, dans ces œuvres collectives, si fréquemment reconstruites et sans cesse remaniées, où l'œil de l'archéologue a peine à reconnaître l'apport de chaque siècle, on puisse déterminer la part de chaque main ou de chaque bourse.

Des exemples contemporains peuvent nous donner une idée de la manière dont se sont bâties les églises, car, jusqu'en notre âge de scepticisme et d'effacement individuel, beaucoup ont été érigées ou relevées par l'initiative privée. En dehors des nombreuses églises de campagne, restaurées ou refaites à neuf par le zèle toujours entreprenant des curés ; en dehors des grands sanctuaires de pèlerinage, élevés sous nos yeux, d'un bout de la France à l'autre, de Boulogne-sur-Mer à Lourdes et à Notre-Dame-de-la-Garde, on peut, à Paris même, trouver des exemples de la façon dont s'est fondée mainte église du passé. Pour s'en rendre compte, il n'y a, selon le conseil d'un de nos anciens ambassadeurs auprès du Saint-Siège [16], qu'à faire l'ascension de la butte Montmartre et à visiter les travaux de la basilique du Sacré-Cœur. Regardez ces murailles dressées au-dessus du Paris incrédule par les offrandes des fidèles. Vous y verrez inscrit le nom des localités, des associations, des particuliers qui ont contribué de leurs deniers à l'érection de la basilique. Si, comme le demanderont peut-être bientôt le Palais-Bourbon ou l'Hôtel de Ville, on voulait exproprier le Sacré-Cœur du mont des Martyrs, il faudrait, pour rendre aux fondateurs ce qu'ils ont chacun apporté au nouvel édifice, le démonter pièce à pièce, pierre à pierre.

Ainsi en serait-il de la plupart des monuments sacrés, si, par un sentiment d'impersonnelle humilité, les donateurs, comme les artistes eux-mêmes, n'avaient laissé le plus souvent des œuvres anonymes, satisfaits de savoir leur nom connu de Celui qui a dit à la main gauche d'ignorer ce que donne la main droite. A certaines époques cependant, à partir de la fin du moyen âge, lorsque l'art fut devenu plus individuel et plus mondain, au XVe et au XVIe siècles notamment, les princes et les particuliers se sont plu à faire sculpter leurs chiffres ou leurs armes, et souvent même à faire représenter leurs traits périssables sous les voûtes des églises qu'ils enrichissaient de leurs dons. Les reliefs trop souvent mutilés, les peintures pâlies et à demi effacées, les verrières, heureusement plus durables dans leur fragilité, en fournissent d'innombrables exemples ; et clercs ou séculiers, nobles ou bourgeois, les fidèles dont la piété ou la vanité ornaient les murs de la maison du Seigneur le faisaient pour la gloire du Christ, pour Notre-Dame la Vierge et pour les saints, non pour les communes ou l'état laïque, qui devaient un jour s'en arroger la propriété, et encore moins pour les barbares caprices des fanatiques de la laïcisation.

Ignore-t-on le plus souvent par quelles mains a été posée la première pierre des églises, on sait d'ordinaire comment elles ont été entretenues et réparées à travers les âges. Aujourd'hui encore, quels soins y pourvoient, si ce n'est le zèle fertile en ressources du clergé et les aumônes des fidèles ? On sait surtout pour qui les églises ont été construites, à qui elles ont été destinées et léguées. Pour le savoir, il n'est besoin ni de charte scellée d'un sceau gothique, ni d'inscriptions latines ou vulgaires sur les murs de l'édifice. L'intention des fondateurs est écrite dans le monument lui-même en termes non moins formels que dans un testament authentique ou dans les actes enregistrés par les notaires. La volonté des fondateurs, elle est proclamée par leur œuvre ; elle éclate en traits ineffaçables dans le plan de l'église, dans les bras de la croix du transept, dans les mystérieuses arcades du chœur, dans les voussures du portail, dans la crypte sombre qui s'ouvre sous l'autel, dans les nefs hardies qui montent comme une prière et les tours aériennes qui s'élancent vers le ciel. On en expulserait les anges ou les saints dont, en dépit des iconoclastes de la révolution, l'image peinte ou sculptée en décore encore les murs, que du porche au chevet et des dalles qui la pavent aux arceaux de ses voûtes, la destination de Notre-Dame resterait inscrite dans chacune de ses parties, dans chacun de ses détails, qui tous ont un sens symbolique. Riche ou pauvre, jeune ou vieille, l'église a été vouée au culte du Christ : l'enlever au Christ, ce serait être infidèle à la volonté de nos pères, soustraire une part de leur héritage à ceux auxquels il a été légué.

Ogivales ou romanes, renaissance ou pseudo-classiques, la destination des églises est si claire que, le plus souvent, on n'en saurait faire autre chose sans les défigurer, sans les mutiler. Églises elles sont, églises elles resteront. Comme au clergé qui les dessert, on peut leur appliquer le *Sint ut sunt aut non sint*. Pour la plupart, à commencer par les plus belles, — que tous ceux qui gardent quelque souci de l'art et de l'histoire y songent, — il n'y a pas d'autre alternative que de demeurer des églises ou de n'être plus. L'église répugne à être laïcisée ; on ne se représente pas une cathédrale a désaffectée. »

Anatole Leroy-Beaulieu

Les Turcs de Mahomet II ont pu travestir Sainte-Sophie en mosquée. Ils ont eu beau en renverser la croix grecque et en badigeonner les mosaïques, on sent toujours à Sainte-Sophie que l'islam n'est pas chez lui. Et encore, la basilique de Justinien n'a fait que passer d'un culte à un autre ; sa vaste coupole d'azur continue à abriter la prière ; mais nous, le jour de la séparation de l'église et l'état, quand on aura prononcé la sécularisation des édifices sacrés, que ferons-nous des centaines, des milliers d'églises, cathédrales, paroissiales, succursales de toute sorte, byzantines, gothiques, italo-grecques, qui sont la parure architecturale de la France et, à tous égards, l'une des gloires du génie français ? Qu'en fera-t-on, à moins qu'on ne substitue une religion à une autre et qu'on ne les érige en temples de la Raison ou de l'Humanité ? Ira-t-on toutes les convertir en Panthéon ; et chaque ville, chaque bourgade aura-t-elle, pour ses notables ou ses magistrats municipaux, le temple de ses gloires ou de ses vanités locales ? Aimera-t-on mieux en faire des musées ; mais de quelles œuvres d'art remplir leurs larges nefs ? Les conservera-t-on désertes et nues, aux frais de l'état ou des communes, pour la curiosité des archéologues ou le plaisir des artistes, pour laisser l'oisiveté des touristes faire résonner leurs dalles vides sous leurs voûtes muettes ?

Que proposent d'ordinaire les partisans de la séparation ? D'abandonner aux départements et aux communes la disposition des édifices du culte ; de leur permettre de les convertir à leur gré en halles, en magasins, en usine ; en manège, en salle de concert ou en préau de foire. Les plus libéraux autoriseraient les municipalités à laisser les églises au culte en les louant au clergé, sauf à concéder le soir la chaire de l'évangile aux orateurs démocratiques ou aux artistes de passage. Beaucoup, s'inspirant des pittoresques souvenirs de la commune de 1871, aiment à se représenter le club succédant le soir à la messe du matin, comme si l'église, qui consacre les murs de ses maisons de prières avec les mêmes onctions que les membres de ses fidèles, pouvait jamais s'accommoder d'une telle promiscuité. L'intolérance du clergé ne sachant se résigner au partage, le club resterait le maître du sanctuaire ; et, de fait, une fois « désaffectées, » bien des églises, aujourd'hui comme sous la révolution ou sous la commune, finiraient en clubs. Selon l'expression de Cambon en 1794 : après avoir fomenté les superstitions, elles serviraient « de lieux de réunion pour former l'esprit public [17]. »

Un orateur populaire, vantant les bienfaits de la séparation et de la désaffectation des églises, faisait naguère à Reims le calcul des ménages que le gouvernement de l'avenir pourrait un jour loger sous les voûtes de la cathédrale où la France de Jeanne d'Arc faisait sacrer ses rois. C'était, pour lui, une manière de trancher la question des logements à bon marché. Et, en effet, à prendre leurs dimensions en largeur et en hauteur, que de milliers ou de millions de familles un statisticien ne pourrait-il abriter dans les églises de France ! car, avec les ascenseurs et les calorifères, pourquoi, dans ces immenses ruches de pierre, les cellules ouvrières ne monteraient-elles point jusqu'aux arceaux des nefs et à la plate-forme des tours ? Si ridiculement puérils que semblent de tels projets, on n'a qu'à voter la séparation et à laisser aux communes la libre disposition des édifices religieux pour voir ce siècle utilitaire enfanter et parfois mettre à exécution des projets mon moins bizarres et non moins barbares. Pendant que, à l'instar des juifs de Jérusalem, pleurant sur les murailles du Temple, les fidèles chassés du lieu saint pleureraient sur la profanation du sanctuaire, l'artiste et le poète auraient eux aussi à verser des larmes sur la profanation de la beauté, de l'art et de l'histoire, immolés, tout comme la vieille religion, au dieu nouveau, au dieu vulgaire, au dieu jaloux, s'il en fut, l'utilitarisme.

L'état, dira-t-on, l'état prendra sous sa garde les monuments historiques ; l'état se fera honneur d'entretenir à ses frais les églises qui méritent de survivre, les cathédrales notamment. En fait, l'état serait bientôt débordé, il se lasserait promptement d'entretenir des centaines d'édifices « qui ne serviraient a rien. » Notre France est si prodigieusement riche en monuments religieux de tout âge que l'état ne suffirait pas à une tâche pareille. Voudrait-il la remplir, que les futures commissions du budget lui rogneraient bientôt des dépenses d'autant plus suspectes qu'elles s'appliqueraient aux monuments de la superstition. Il en serait bientôt de la plupart des cathédrales comme de nos plus célèbres abbayes. Il n'a pas fallu, un siècle pour que leur beauté ne fût plus qu'un souvenir. Heureuses encore celles auxquelles on a permis de tomber en ruines et dont le lierre et les plantes sauvages ont pu envahir librement Les cloîtres déserts ! On sait ce que sont devenues les autres. De Clairvaux à Fontevrault, qu'a-t-on fait des plus nobles monastères de l'ancienne France ? Des prisons ou des haras.

Il me revient à la mémoire une gravure du dernier siècle représentant une église de Paris, « l'église ci-devant Saint-Nicolas » convertie en atelier de menuiserie. Et la légende du temps se félicitait, en vers dignes du sujet, d'une pareille métamorphose [18]. Que de gens aujourd'hui, tout comme il y a cent ans, applaudiraient à une semblable transformation et se réjouiraient, en bonne conscience, d'entendre, au lieu des *oremus* du prêtre, le rabot du menuisier ou le marteau du maréchal ferrant ! Pour des milliers de nos compatriotes, rien ne serait plus digne d'un siècle de lumières. Laissez ordonner la désaffectation, et, si elles ne deviennent toutes des clubs, les églises dont on ne fera point des granges seront converties en forges, en filatures, en usines, à la grande édification des philosophes de village et des grands esprits de cabaret, fiers de voir la vapeur remplacer l'inutile fumée de l'encens. Car ce qui, aux yeux de maint électeur, condamne ces monuments de la religion, ce qui en fait le crime et leur vaut beaucoup de leurs ennemis, c'est précisément qu'ils ne servent à rien, qu'on n'y fabrique et n'y produit rien. N'est-ce pas là, pour des hommes de progrès, un abus dont il serait temps de faire cesser le scandale ? Ils ne sentent pas, ces apôtres du progrès, qu'en face du culte triomphant des intérêts matériels, il est bon qu'en chaque village, au milieu des hommes les plus accablés par les soucis de l'existence, il y ait un monument en apparence inutile, qui n'abrite qu'un hôte invisible, qui ne rapporte rien, qui ne serve à rien si ce n'est, chose fort dédaignée de quelques-uns, à former des hommes honnêtes et des filles chastes. Or, c'est là précisément ce qui, en dehors de toute considération religieuse, fait le prix et l'honneur de nos plus humbles églises de campagne : c'est que leurs clochers d'ardoise ou de tuiles rouges protestent contre l'envahissement de la vie matérielle et l'abject utilitarisme du jour ; c'est que la voix aérienne de leurs cloches rappelle aux plus grossiers que la destinée de l'homme peut ne pas se borner à la production et au travail quotidien. Et cela, nos paysans en gardent eux-mêmes parfois un vague sentiment, et c'est pour cela qu'indépendamment de toute foi chrétienne, bien des villages tiennent encore à leur église.

Section V

Un des meilleurs moyens d'élucider un problème politique, c'est de chercher les cas analogues au dehors. Rien ici de plus instructif que la comparaison. Laissons donc un moment la France et nos théories, nos préjugés ou nos passions ; voyons comment on entend la séparation de l'église et de l'état là où elle existe ; comment on prétend l'effectuer là où on la prépare. Examinons les modèles, puisqu'il y a des modèles qu'on propose sans cesse à notre imitation. Que nous apprend l'exemple de l'Angleterre, qui a récemment opéré la séparation en Irlande et qui songe à l'essayer dans la Grande-Bretagne ?

Que nous enseignent les États-Unis, la terre classique de la liberté religieuse, où l'état et les diverses églises vivent sans liens et sans querelles, n'ayant jamais fait meilleur ménage que depuis leur divorce ?

La question si intempestivement posée en France ne nous est pas particulière ; la démocratie contemporaine l'agite en d'autres pays de l'Europe, chez nos voisins d'outre-Manche notamment. L'Angleterre nous offre à cet égard un curieux parallèle. Chez elle aussi, un parti, dont l'ascendant semble aller croissant, réclame impérieusement la séparation de l'église et de l'état. Cette question est une de celles qui ont passionné nos voisins durant les dernières élections. L'on ne saurait s'en étonner, alors que, sous la conduite de MM. Chamberlain et Morley, les nouvelles couches électorales semblent avoir pour ambition de détruire pièce à pièce la vieille Angleterre. Comment des hommes qui ne craignent pas de porter la main sur les bases de la propriété s'arrêteraient-ils longtemps devant l'antique et gothique édifice, où tout rappelle le moyen âge ou l'époque, déjà presque aussi lointaine et aussi démodée, des Tudors et des Stuarts ? L'église établie, à la fois privilégiée et asservie, deux choses qui en pareil cas vont d'ordinaire ensemble, ne paraît qu'un anachronisme à ces Anglais, revenus de leur longue superstition nationale pour le passé. Elle a contre elle sa longévité et sa conservation même ; plus elle est demeurée intacte et plus on la trouve surannée. Si l'on compare les deux pays et les deux églises dominantes, il n'est pas douteux qu'en Angleterre la séparation semble autrement urgente et autrement facile qu'en France.

En Angleterre, le parlement ne se trouve point en face d'une grande église de deux cents millions d'âmes, dont le chef réside à l'étranger ; il a devant lui une église nationale, insulaire, qui, loin d'être antérieure à l'état est, à bien des égards, une création et une créature de l'état ; une église qui, selon le terme anglais, est un « établissement » essentiellement politique et par bien des côtés aristocratique, et qui doit à sa situation officielle une bonne part de son prestige. En Angleterre, l'état n'est point lié à l'église par une convention bilatérale, par un concordat, puisque l'église a toujours été soumise à la suprématie royale ; que le parlement a toujours en le droit de légiférer sur elle ; que son *credo*, que sa liturgie ont été fixés par des lois ; que ses évêques sont à la nomination de la couronne, sans immixtion d'autorité étrangère, « le congé d'élire » n'ayant jamais été qu'un vain simulacre ; qu'en somme l'église n'a d'autre chef que le chef même de l'état, la reine, qui porte encore officiellement le titre de défenseur de la foi. Dans le Royaume-Uni enfin, l'église établie ne saurait prétendre avoir pour adhérents la majorité de la population. En Irlande, la séparation, le *disestablishment* est déjà effectué. en Ecosse, s'il y a une église établie, ce n'est pas l'église épiscopale anglicane, c'est une église presbytérienne sans évêques. Dans le pays de Galles, si l'anglicanisme garde les privilèges d'une église d'état, il a perdu tout ascendant sur la plus grande partie des habitants, qui désertent la *church* pour les *chapels* des dissidents. Dans l'Angleterre saxonne elle-même, les non-conformistes contestent obstinément que l'église officielle compte parmi ses fidèles la majorité des Anglais [19]. Il est oiseux de montrer quels argument et quelles facilités cela, seul offre aux partisans de la séparation ou de « la libération, » comme disent les non-conformistes, qui, en réclamant le *disestablishment*, font profession de réclamer l'affranchissement de l'église dont ils combattent les privilèges. Moins l'église établie compte de membres et moins le *disestablishment* froisserait de consciences, moins il blesserait d'intérêts, moins le gouvernement, en rompant les liens actuels, doit craindre de former un état dans l'état.

Ce ne sont pas là les seules différences entre les deux pays et les deux églises de France et d'Angleterre. A l'inverse du catholicisme en France, l'anglicanisme est une véritable religion d'état, en possession de privilèges politiques et d'avantages matériels qui fournissent à ses adversaires une double base d'attaque. Si elle n'a plus, de même que les communes et les lords, ses assemblées, ses *convocations*, l'église a ses représentants au parlement. Ses évêques ont gardé leur banc à Westminster ; ses curés, ses *parsons*, jouissent de certaines prérogatives honorifiques. L'anglicanisme a, jusqu'en. 1880, régné en maître dans les universités. C'est la main de ses évêques qui sacre les rois. Ce sont ses ministres qui sont les aumôniers de l'armée et de la flotte ; ce sont ses prières que l'on récite au parlement devant les représentants de la nation, car les lords et les communes, tout comme naguère nos écoles, ouvrent encore leurs séances par une prière. Tous ces privilèges, déjà bien amoindris depuis un demi-siècle, lui seraient peut-être pardonnés si l'église ne possédait des revenus qui lui valent bien des ennemis.

Ce que l'église anglicane a surtout contre elle, ce sont ses richesses qui offrent un appât aux convoitises des politiciens ; ses richesses dont rien sur le continent ne saurait plus donner idée. Elle ne reçoit pas, comme l'église de France, de parcimonieuses allocations de l'état ; elle a ses biens, conservés et grossis à travers les siècles, de façon qu'au lieu d'un traitement d'une quinzaine de mille francs, elle sert annuellement à ses évêques, 200,000 ou 300,000 francs de rente.

Section V

Et ces biens, compromis par leur énormité même, on peut lui objecter que, pour une bonne partie, elle n'en a pas hérité légitimement, beaucoup ayant été légués à la mère contre laquelle l'anglicanisme s'est révolté, à l'église catholique, à ses évêques ou à ses moines, dont Henri VIII et ses successeurs ont partagé les dépouilles entre leur noblesse et leur clergé. En outre de ses biens, l'église anglicane perçoit encore la dîme, restée, dans la tenace mémoire des paysans français, le plus impopulaire de tous les impôts de l'ancien régime, et ses dîmes, elle les fait payer aux non-conformistes aussi bien qu'à ses propres fidèles. Que de griefs dans ce seul fait, alors même qu'il serait toujours justifié par des donations et des chartes authentiques ! En France, il n'en faudrait pas davantage pour que la séparation, le *disestablishment et le* disendowment fussent votés à une énorme majorité. S'il n'en a pas encore été de même en Angleterre, cela tient à ce que les Anglais ne se sont pas encore entièrement défaits de leur ancien respect pour les traditions historiques. Puis, aux raisons qui semblent militer en faveur, de la séparation, s'en opposent d'autres qui plaident contre elle. On sait, par exemple, que les pauvres et les déshérités de toute sorte ont leur large part des richesses de l'église et pleureraient sa ruine. L'Angleterre, enfin, n'a pas encore perdu le sentiment de ce que sa grandeur doit à la foi chrétienne. Beaucoup d'Anglais craignent que, à travers l'église officielle, le disestablishment n'atteigne le christianisme et l'idée religieuse même, au profit du grossier matérialisme des foules ou du froid agnosticisme des lettrés, au détriment de la *moralité et de l'énergie nationales.*

Nous n'avons, du reste, en ce moment, ni à peser les arguments des deux parties, ni à prévoir l'issue de ce grand procès ; c'est encore là une cause qui ne semble pas devoir être prochainement jugée. Ce que nous tenons à montrer aujourd'hui, c'est combien, à travers d'apparentes ressemblances, les facteurs du problème sont différents en Angleterre et en France. L'Angleterre en est encore, à cet égard, en 1789. La situation de l'église anglicane a plus d'analogie avec la situation de l'église de France, avant la révolution, qu'avec celle de la même église sous le régime concordataire actuel. La différence est telle qu'on pourrait fort bien être partisan du *disestablishment* en Angleterre et être opposé à la séparation en France. Cela est si vrai que l'argument favori de nos voisins contre l'église établie n'aurait aucune valeur de ce côté de la Planche. Quel est le principe sur lequel s'appuie la *liberation league* ? C'est avant tout celui de l'égalité religieuse. Or, loin de violer ce principe, le système français en est une scrupuleuse application, puisqu'il subventionne concurremment les divers cultes professés au France et en Algérie A ce titre, nous l'avons déjà remarqué, notre budget des cultes est manifestement inspiré des principes de la révolution et du droit moderne. Pourquoi les non-conformistes anglais, qui sont au premier rang des *liberatio-nists*, ne demandent-ils pas qu'en Angleterre, de même qu'en France, l'état pourvoie également à l'entretien des différentes confessions ? Est-ce uniquement que les dissidents sont de longue date habitués à ce que les Anglais appellent le *voluntary System* ? Ne serait-ce pas que les différentes sectes, les diverses « dénominations » sont si nombreuses et si mobiles que, pour l'état, il serait singulièrement compliqué d'en subventionner tous les ministres et d'en distinguer toutes les nuances ?

Dans les pays tels que l'Angleterre, tels que les États-Unis surtout, où les sectes pullulent, où chaque génération en voit naître de nouvelles, qui en enfantent d'autres à leur tour, où la religion est une sorte de protée sans cesse en transformation, « le système volontaire, » la séparation des églises et de l'état peut être ce qu'il y a de plus simple, de plus rationnel, de plus pratique. Et cela d'autant que la multiplicité même des formes religieuses rend leur entière indépendance inoffensive ; qu'elle enlève au moins à la séparation la plupart de ses inconvénients vis-à-vis de l'état. A ce double égard, au point de vue civil comme au point de vue religieux, le régime de la séparation nous paraît à la fois plus difficile et plus dangereux dans les pays catholiques, orthodoxes ou même luthériens, dans les contrées où domine une grande église à forte hiérarchie, que dans les pays protestants où la réforme de Calvin aboutit à l'émiettement des sectes. Ce qui réussit dans ces derniers peut être périlleux dans les autres ; car il est fort différent, pour l'état, de se trouver en présence d'une multitude d'églises et de congrégations rivales qui, politiquement, se neutralisent les unes les autres, ou d'être en face d'une grande église unitaire à laquelle rien ne fait contrepoids. C'est là une distinction essentielle. L'erreur capitale de nos théoriciens anticoncordataires est de ne point le voir. Leurs doctrines le leur défendent, le propre des écoles radicales étant précisément de ne pas reconnaître les distinctions nécessaires. Imbu de spéculations *a priori*, on prétend appliquer la même formule à des situations absolument différentes ; on confond les époques, les pays, les religions ; on rêve naïvement de mettre la France catholique au même régime que les congrégations presbytériennes ou baptistes des États-Unis.

La situation de l'église anglicane, avons-nous dit, est fort analogue à celle de l'église de France avant 1789, avec cette importante différence qu'elle a depuis longtemps, en face d'elle, des sectes qui lui font contrepoids. De quelle manière les Anglais entendent-ils pratiquer le *disestablishment* et spécialement le *disendowment*, la sécularisation des immenses revenus dont jouit aujourd'hui l'église établie, ces revenus qu'on capitalise à 3 ou 4 milliards de francs ? De quelles ressources vivra l'église une fois « désétablie ? » sous quel régime légal seront placés son clergé, ses évêques, ses paroisses, ses écoles ? C'est là pour nous le point le plus intéressant, puisqu'à cet égard, la comparaison est parfaite entre les deux côtés de la Manche, comme entre les deux rivages de l'Atlantique.

A Westminster comme au Palais-Bourbon, il se rencontre bien quelques radicaux, dignes émules ou élèves des nôtres, qui se proposent d'ôter purement et simplement à l'église tous ses biens et revenus pour en doter les services publics, les écoles populaires notamment. De pareils projets ont peu de chance d'être adoptés du parlement ; ils sentent trop manifestement la spoliation et la violence. Les partisans du *disestablishment* consentent en général à laisser à l'église, non-seulement une rente viagère pour tous ses ministres, mais une sorte de dotation, de fonds de premier établissement qui lui permette de s'adapter à sa nouvelle situation en attendant qu'elle se crée des ressources nouvelles [20].

C'est ainsi qu'on a procédé, en 1869, avec l'église d'Irlande. Il y a là un précédent encore récent dont le parlement britannique, toujours respectueux des précédents, ne manquerait point de tenir grand compte. A l'église d'Irlande on a laissé ses temples et ses cimetières. A ses évêques et à ses ministres, on a garanti, pour leur vie durant, un traitement égal aux revenus dont ils jouissaient. En outre, et c'est là le trait capital de la manière dont nos voisins pratiquent la séparation, l'église d'Irlande a reçu une indemnité de 5 millions de livres, soit 125 millions de francs ; et il s'agit, qu'on le remarque bien, d'une église qui compte moins de six cent mille fidèles. Rien donc d'étonnant si elle a vaillamment supporté le nouveau régime. On a calculé qu'en suivant les mêmes règles pour l'Angleterre, l'église anglicane devrait, en cas de *disestablishment*, toucher une indemnité d'environ 70 millions de livres, soit 1 milliard 750 millions de francs, somme à elle seule suffisante pour lui assurer un revenu bien supérieur à tout notre budget des cultes. Et cela, chose à noter, pour une église qui n'a qu'une douzaine de millions d'adhérents, soit trois fois moins que l'église catholique en France.

Ce n'est point tout, les ressources que lui laisserait le *disestablish-*

ment, l'église anglicane pourrait les augmenter indéfiniment grâce aux donations et aux legs qu'elle serait autorisée à recevoir. Cette faculté, l'église d'Irlande naguère « désétablie » la possède, et déjà elle en a fait un large usage : si la loi fixe une limite à ses acquisitions partielles, elle ne fixe pas de maximum à leur ensemble. Cette faculté d'acquérir et de posséder, personne en Angleterre ne la conteste, à l'église et aux associations religieuses : serait-on aussi unanime en France ? Nos radicaux sont-ils prêts à reconnaître la personnalité civile aux diocèses, aux paroisses, aux consistoires ? Nos législateurs auraient-ils dépouillé leur traditionnelle antipathie pour la main-morte, et la troisième république va-t-elle rendre à l'église et au clergé le droit de reconstituer les biens que leur a enlevés la révolution ? C'est ainsi que se pose la question, et l'équité, d'accord avec la liberté, n'admet qu'une manière de la résoudre. Lorsque la révolution a sé-cularisé les biens ecclésiastiques, la révolution a garanti au clergé un traitement ; le jour où l'on supprime ce traitement, on doit rendre aux églises le droit d'acquérir et de posséder [21].

Voilà comment la séparation a été comprise, voilà comment elle a été effectuée dans tous les pays où l'église et l'état sont séparés, dans ceux que l'ignorance de nos démocrates nous donne comme mo-dèles, les États-Unis notamment. Dans la grande république améri-caine, de même qu'en Angleterre, les églises ont le droit d'acquérir, et de fait, les différentes confessions, l'église catholique en particu-lier, y possèdent des biens considérables. S'il y a, non sans raison, une limite à leurs acquisitions d'immeubles, il n'y en a point à leur fortune mobilière, la richesse mobilière étant de sa nature indéfi-nie. Et, non-seulement les églises ont la faculté de posséder ; mais d'ordinaire les temples et les édifices voués au culte, ou aux soins des pauvres, jouissent de certaines immunités, de l'exemption d'impôts spécialement, ce qui, dans l'hypothèse de la séparation, serait en-core un point à considérer. Est-ce là, encore une fois, le régime que veulent introduire chez nous les hommes qui se sont plu à inventer des taxes pour les hôpitaux des Petites-Sœurs des pauvres ?

Avec la faculté d'acquérir, de recevoir des donations et des legs sous le régime des *trustees*, les différentes églises, en Amérique, tout comme en Angleterre, sont en possession de toutes les liber-tés : liberté d'enseignement, liberté de la presse, liberté de la parole dans la chaire comme sur la place publique, droit de réunion, droit d'association pour les ecclésiastiques comme pour les fidèles, pour les moines comme pour le clergé séculier. Dans ce système on ne connaît ni articles organiques, ni décrets de mars, ni restrictions aux réunions des évêques ou à leurs rapports avec le pape. On ne connaît qu'une chose, la liberté en tout et pour tout. Tels sont les modèles, et, puisqu'on prétend les imiter, qu'on les imite assez pour leur ressembler. Ce ne sont pas les catholiques qui s'en plaindront.

Mais, est-ce ainsi qu'on entend la liberté au Palais-Bourbon ou à l'Hôtel de Ville ? Est-ce ainsi que comprennent la séparation les amis de M. Clemenceau ou les collègues de M. Goblet, qui, pour la préparer, comptent sur « le rayonnement des idées ? » Quand on va chercher des exemples ailleurs, en Amérique notamment, on a l'air de faire la satire des projets mis en avant chez nous. Demandez aux plus sincères partisans de la séparation comment ils entendent la liberté des cultes. Ils vous répondront par des projets de loi contre le clergé, contre les congrégations et les associations religieuses, par des lois d'exception contre les ministres du culte, ne comptant les soumettre au droit commun que pour avoir la satisfaction de les voir porter le képi. Demandez-leur s'ils ne craignent pas de rendre au clergé la faculté de posséder au risque de reconstituer la mainmorte. Ils vous répondront unanimement que telle n'a jamais été leur pensée ; que, si les Américains et les Anglais trouvent bon de laisser aux églises le droit de posséder et d'acquérir, ce n'est pas ainsi que la république opérerait en France. En France, on enlèverait au clergé son chétif traitement sans lui donner en échange ni indemnité ni dotation, sans même lui concéder le droit d'acquérir. On ne lui reconnaîtrait qu'une faculté, celle de vivre d'aumônes au jour le jour, et encore aurait-on soin de l'empêcher de tendre la main et de limiter les largesses dont il pourrait être l'objet. Des deux côtés de l'Atlantique et de la Manche, la séparation de l'état et de l'église a ainsi un sens absolument différent. Quand on nous cite l'exemple de l'Amérique ou de l'Angleterre, c'est avec l'intention de faire tout l'opposé. Il n'y a là qu'une équivoque grossière.

Une église sans ressources, incapable de recruter son clergé et hors d'état de l'entretenir ; une église enserrée dans l'étroit réseau de chaînes légales et fiscales de toute sorte ; une église en un mot mendiante et esclave, tel est, chez nous, l'idéal de la plupart des hommes qui réclament la séparation. La liberté dans leurs programmes n'est qu'une menteuse enseigne. En vérité, il ne s'agit pas, pour eux, de séparation, mais simplement de spoliation et d'oppression. Aussi, quelles que soient ses préférences théoriques, aucun vrai libéral ne saurait accepter une pareille séparation ; car, pour être vraiment équitable et porter des fruits de liberté, le divorce de l'église et de l'état doit s'accomplir à une époque de calme, dans un pays accoutumé au respect de toutes les libertés, avec une législation sincèrement tutélaire du droit d'association, respectueuse des fondations et de toutes les formes de propriété corporative. En dehors de là, comme nous le disions récemment ailleurs, la séparation n'est pas la liberté, mais la tyrannie. Ce n'est, pour la plupart de ceux qui la réclament, qu'un moyen détourné d'enlever à l'église toute existence légale, de la priver de ses organes essentiels, de la frustrer de toutes ses ressources matérielles, de lui retrancher les aliments qui la sustentent, en un mot, de lui rendre la vie impossible [22].

Section VI

La séparation, telle que l'entendent la plupart de ses promoteurs, ne serait pas une solution. Dans la situation des esprits et des partis, la dénonciation du concordat serait simplement une déclaration de guerre à l'église et à la foi chrétienne ; et cette guerre, le gouvernement qui l'engagera a toute chance d'y succomber.

Les radicaux ont bruyamment et parfois justement reproché aux opportunistes leur politique d'aventures au loin. Eux, ils sont pour les aventures au dedans. De toutes celles où ils s'apprêtent à précipiter la France, la séparation de l'église et de l'état serait peut-être la plus périlleuse. Les difficultés religieuses sont de leur nature inextricables ; une fois qu'on s'y est enfoncé, on ne sait plus comment en sortir : c'est une sorte d'enlisement. Que la république proclame la séparation, il y a bien à parier que la république y périra.

Comment s'y prendrait-on ? Le temps nous manque aujourd'hui pour l'étudier. L'on nous fournira, d'ici à peu d'années, l'occasion d'y revenir. La plupart de ceux qui réclament la dénonciation du concordat n'ont, du reste, pas de plan. Tout, pour eux, se réduit à biffer le budget des cultes. S'ils songent au lendemain, c'est uniquement pour empêcher l'église de se refaire des revenus. Leur politique ressemble aux procédés d'un détrousseur de grand chemin, qui, en dépouillant les voyageurs, les laisserait nus sur la route, avec injonction de ne plus porter que des haillons de mendiants.

Entre ces plans de séparation ou mieux de spoliation, il en est un qui mérite un moment d'attention, non qu'il soit plus équitable que les autres, mais simplement parce qu'il est plus habile ou plus perfide. C'est celui de M. Yves Guyot, ce qu'on pourrait appeler la séparation par persuasion et par séduction. Une grande partie de la France tenant encore au service du culte, M. Yves Guyot reconnaît qu'il serait imprudent d'effectuer la séparation sur tout le territoire à la fois. Au lieu de l'appliquer d'un coup à nos 36,000 communes, il préfère la rendre facultative au profit des communes et des contribuables qu'il y croit disposés. Cette idée s'inspire d'un livre fort ingénieux du reste, qu'on eût pu intituler : De l'art de dissoudre une nation et de décomposer les états [23]. L'auteur y vante une méthode de législation empruntée aux procédés des physiologistes, qui, pour mieux étudier les fonctions des êtres vivants, en séparent artificiellement les organes. Il propose de traiter la France comme un lapin ou une grenouille de laboratoire. Alors même qu'ils n'auraient nulle répugnance pour cette sorte de vivisection nationale, un peuple, un état, sont des êtres vivants qui ne sauraient impunément se prêter aux expériences des physiologistes politiques. Si M. Yves Guyot préconise cette méthode pour la séparation de l'église et de l'état, c'est manifestement qu'à ses yeux le succès de l'expérience est certain ; les sujets qui auront le bon esprit de s'y soumettre ne sauraient que s'en bien trouver.

Tel n'est pas notre sentiment. Remettre la solution d'un pareil problème au caprice des municipalités ou des communes, ce serait introduire la guerre dans chaque conseil municipal et dans chaque famille. On propose d'allouer aux communes, pour le dégrèvement de leurs centimes additionnels, les fonds jusqu'ici affectés au budget des cultes. Bien mieux, d'après le projet de M. Guyot, la question serait posée par le percepteur à chaque contribuable, de façon que chacun se sentît personnellement intéressé à refuser le traitement de son curé. N'est-ce pas là un procédé qui ferait honneur à un pays et à un parti ? Donner une prime au paysan qui renoncerait à contribuer à l'entretien du culte ; mettre « l'émancipation de la pensée et de la conscience » sous le patronage de la cupidité, voilà vraiment une méthode pratique bien digne de la façon dont certains radicaux comprennent la démocratie. Que diraient-ils si les contribuables prétendaient appliquer cet ingénieux système à l'enseignement, à la justice, à la police, à l'armée, voire à l'éclairage ou au balayage des villes ?

C'est là, pourtant, ce qu'au fond proposent la plupart des tenants de la séparation. Ayant presque tous en vue la suppression du budget des cultes, leur tactique commune est de représenter aux électeurs ce que chacun d'eux gagnerait à cette répudiation d'une dette nationale. Ils sont si flattés d'enlever au clergé son traitement, que, partisans décidés ou partisans éventuels de la séparation, intransigeants ou radicaux de gouvernement, ne voient plus guère dans ce grave

problème que la grossière question d'argent. Leur matérialisme po
litique ne comprend pas qu'en matière de conscience les considérations pécuniaires sont fort secondaires. Ils ne sentent point que,
si l'état peut gagner à la séparation quelques millions de francs, la
république y peut perdre des millions d'adhérents.

C'est pour l'état, c'est pour la société civile qu'on prétend faire la séparation, et l'on ne veut pas voir qu'elle tournerait presque infaillible-
ment contre l'état et contre la société civile. On imagine assurer ainsi
le triomphe de la république, et l'on ferme les yeux sur les avantages
qu'en tireraient les ennemis de la république. De quelque manière
qu'on procède à la séparation, tout serait changé dans le clergé et
parmi les catholiques de France, mais changé au détriment de l'état :
et la composition de l'épiscopat, et l'esprit du clergé, et sa manière de
vivre, et ses relations avec les fidèles, et ses attaches avec les partis.

Loin de corriger les défauts plus ou moins justement reprochés au
régime issu du concordat, la séparation ne ferait que les outrer. On
peut adresser deux reproches au régime actuel : le premier, c'est qu'il
a placé la plus grande partie du clergé paroissial dans l'absolue dépendance des évêques ; qu'il a créé, ce qu'ignorait l'ancien régime,
des desservants révocables ou amovibles à merci ; qu'il a fait, en un
mot, du clergé de chaque diocèse un régiment marchant au com-
mandement de son colonel. Le second, c'est qu'en enlevant au clergé
tous ses biens, tout son patrimoine séculaire pour le faire vivre d'un
traitement de l'état, on a involontairement coupé la plupart des liens
qui le rattachaient à la société civile, on l'a pratiquement dépouillé
de tout intérêt temporel ; le prêtre, détaché du monde et du sol, a
été pour ainsi dire spiritualisé, volatilisé. Qui ne voit combien ces
deux inconvénients seraient l'un et l'autre accrus par la séparation
de l'église et de l'état ?

Le jour où l'état cesserait d'intervenir dans le choix des évêques et
des curés, ces derniers seraient plus que jamais livrés à l'arbitraire
épiscopal ; les curés inamovibles risqueraient fort de tomber au rang
de simples desservants ; le clergé deviendrait plus que jamais une
armée manœuvrant à la voix de ses généraux, sous le commande-
ment suprême d'un chef étranger. Le jour où l'état supprimerait le
traitement des curés, les prêtres des villes et des campagnes, isolés
de l'administration civile et de la société laïque, bannis du presby-
tère qui les abritait, sans moyens d'existence réguliers, se verraient
en quelque sorte transformés en moines, et en moines mendiants.
L'état, qui de tout temps a montré tant de défiance pour l'habit mo-

nastique, convertirait pratiquement le clergé séculier et clergé régulier, vivant d'aumônes et obéissant religieusement à des supérieurs sur lesquels le gouvernement n'aurait aucune prise. Faire de tout le clergé une vaste congrégation non reconnue, voilà le premier résultat de la suppression du budget des cultes. Et quels seraient les chefs de cette milice spirituelle soutenue, d'un bout de la France à l'autre, par les millions de Français qui ne veulent pas encore se passer de tout sacrement ? Les évêques sont aujourd'hui nommés par l'état, qui a soin d'appeler à l'épiscopat des hommes prudents, modérés, enclins à réprimer les écarts de zèle de leur clergé. Avec la séparation, il en serait tout autrement. Les mitres seraient distribuées par le Saint-Siège seul ; la voix des catholiques risquerait de désigner au choix du Vatican les plus ardents, les plus entreprenants, les plus militants des ecclésiastiques. Il n'y aurait, pour l'épiscopat, d'autre garantie de modération que le caractère du souverain pontife. Avec un pape tel que Pie IX, l'ultramontanisme le plus étroit et le plus belliqueux risquerait fort de dominer tout le clergé et toute l'église de France. Et à quel moment l'état abandonnerait-il à la curie romaine la nomination de toute la hiérarchie épiscopale ? A l'heure même où le gouvernement romprait toute relation avec le Saint-Siège, car je ne suppose point que, une fois la séparation prononcée, la France maintienne un ambassadeur près du Vatican, alors que, par le fait même de la dénonciation du concordat, la république entrerait en guerre ouverte avec la papauté.

Certes, ce serait là, en France, une politique toute nouvelle, dégagée de toutes les traditions monarchiques. La démocratie radicale pourrait se vanter d'avoir rompu avec tous les préjugés de l'ancien régime. Ce n'est point assurément lorsqu'il subsistait encore chez nos légistes un vieux levain de gallicanisme, que, pour mieux résister aux empiétements du « cléricalisme, » on eût imaginé de couper tous les liens qui rattachaient l'église au pouvoir civil, et d'enlever à l'état toute immixtion dans la nomination des dignitaires ecclésiastiques. On eût cru alors livrer le clergé et la France catholique à l'ultramontanisme. On eût cru, selon la formule en vogue, créer, des mains mêmes de l'état, un état dans l'état. Tout cela, paraît-il, est changé. Ce qu'autrefois on eût appelé trahir les intérêts de l'état et de la société civile s'appelle aujourd'hui servir la cause de l'émancipation laïque.

En est-on bien sûr ? A-t-on bien pesé les forces de l'ennemi intérieur avec lequel on se plairait à mettre la république aux prises ? Vous oubliez, nous dira-t-on, qu'avant de couper les liens qui rattachent le clergé à l'état, nous aurons en soin de le dépouiller, de le laisser sans ressources, de lui refuser le droit d'acquérir ou d'hériter ; de plus, en l'astreignant au service militaire, nous aurons pris la précaution d'en rendre le recrutement de moins en moins aisé. On se flatte, en effet, dans le nouveau monde officiel, de voir le clergé avec l'église périr d'inanition. L'idéalisme n'est pas le défaut des démocrates du jour ; pour eux, tout se résout en questions d'argent et de force matérielle. Ils ne voient point que plus les prêtres seront rares, plus ils seront vénérés et acquerront d'ascendant. Ils ne comprennent point que, pour être pauvre, le prêtre n'en sera que plus redoutable, car, pour prêcher l'évangile, la pauvreté peut être une puissance.

Est-il certain, du reste, que, même privé des droits que lui reconnaît la libre Amérique, le clergé tombe tout entier dans la misère ? Il est permis d'en douter. En bien des contrées, dans le nord, dans l'ouest, dans le midi, le paysan, qui n'est pas encore habitué à se faire enterrer par le garde champêtre, se résignera difficilement à voir sa commune sans prêtre et ses enfants sans catéchisme. Presque partout, les classes élevées, les classes riches, qui sont revenues à l'amour ou au respect de la religion, se feront un devoir de soutenir le clergé. En mainte paroisse le curé, ne recevant plus de traitement de l'état, tombera dans la dépendance des grands propriétaires. Il deviendra en quelque façon l'aumônier du château. On verra se rétablir une sorte de droit de patronat sur les églises ; et ces influences ne s'exerceront point au profit des institutions actuelles. Les caisses des diocèses et des paroisses étant principalement alimentées par les adversaires du gouvernement, le clergé deviendra plus que jamais un instrument politique aux mains des ennemis de la république. Si les laïques prennent plus d'influence dans l'église, leur ascendant s'exercera presque partout dans le sens opposé au pouvoir, contre les hommes qui leur auront mis dans la main une pareille arme de guerre.

Rassurez-vous, disent les partisans de la séparation. Entre l'église et l'état nous aurons soin d'élever des fortifications assez hautes pour mettre la société laïque à l'abri de tout assaut du clergé et des cléricaux. En rendant à l'état sa liberté, nous n'aurons garde de rendre à l'église la sienne. Si, pour la réduire à l'impuissance, il ne suffit pas de la pauvreté, nous forgerons à son usage de bonnes lois de fer qui en auront raison. — Mais alors, ce que vous offrez à la France, ce n'est plus la liberté religieuse, c'est tout bonnement la persécution. Nous n'étions pas sans nous en douter ; mais si nous en sommes effrayés, c'est encore moins pour la religion et pour la liberté de conscience que pour l'état et pour la paix sociale ; car, de Dioclétien à Bismarck, l'histoire montre comment tournent les persécutions, et il faut avoir dans la force matérielle une confiance bien grossièrement naïve pour ignorer que, devant la conscience, la force n'est pas toujours la plus forte.

En résumé, sous prétexte d'achever l'œuvre de la révolution, nos radicaux, ministériels ou non, sont jaloux de recommencer sous une autre forme une des grandes erreurs de la révolution. On a comparé, non sans raison, le concordat à l'édit de Nantes. La séparation de l'église et de l'état serait, pour la république, sa révocation de l'édit de Nantes. Quand Louis XIV abrogeait le plus grand acte du plus politique de ses prédécesseurs, Louis XIV avait un pouvoir incontesté, et, en s'attaquant au protestantisme, il ne s'en prenait qu'à une minorité déjà affaiblie par de nombreuses défections. On pourrait demander si la république a le même pouvoir et le même prestige que le grand roi. Une chose certaine, c'est que le catholicisme en France est autrement fort et redoutable que ne l'était le protestantisme il y a deux siècles ; cela seul suffirait à faire juger une pareille politique.

Ainsi, nous aboutissons toujours à la même conclusion. Entendue comme elle l'est par ceux qui la proposent, la séparation de l'église et de l'état ne serait qu'une déclaration de guerre ; et c'est parce qu'ils y voient une mesure de guerre que les radicaux la préconisent et que nos ministres en menacent le clergé. La dénonciation du concordat serait, pour la France, le signal d'une guerre civile plus vaste et plus acharnée que celles des camisards et des huguenots de Coligny ou de Rohan. Or, ceux qui, au nom des principes, veulent ainsi entamer contre l'église une campagne à fond se sont-ils demandé si la France contemporaine avait le goût de pareilles guerres civiles ? si le paysan, si le bourgeois, si l'ouvrier même ne s'en lasseraient pas, et, s'ils venaient à s'en lasser, comment finiraient les hostilités ? aux dépens de qui se ferait la paix ?

On n'a qu'à se rappeler le passé pour prévoir quel tour prendrait cette nouvelle guerre de religion ; il n'est nul besoin du don de prophétie pour en prédire le dénouement. La séparation de l'église et de l'état est de ces mesures, qui, dans un pays comme la France, ne sauraient demeurer isolées. Par le caractère d'acuité qu'elle donnerait aux luttes politiques, par la force d'impulsion qu'elle communiquerait au radicalisme, par l'opiniâtreté des résistances qu'elle susciterait dans certaines classes et certaines contrées, la séparation précipiterait presque fatalement le pays dans une série de mesures violentes qui s'appelleraient les unes les autres. A cet égard, les radicaux et les révolutionnaires de toute sorte savent ce qu'ils font en poursuivant la dénonciation du concordat. C'est le meilleur moyen de provoquer une révolution, ou mieux, une série de révolutions politiques, économiques, fiscales, qui feraient de la fin du XIXe siècle le pendant de la fin du XVIIIe. Mais, comme il n'y a plus d'ancien régime à renverser, comme la France travailleuse a par-dessus tout besoin de repos, une crise violente ne saurait de nos jours longtemps durer. Imaginons la France livrée, entre les mains du radicalisme, à une série d'expériences ouverte par la séparation de l'église et de l'état. Supposons le budget des cultes supprimé, le clergé dispersé, les moines en exil ou en prison, les églises fermées et la messe de nouveau célébrée dans les granges par des prêtres errants. Après les violences, sanglantes ou non, d'une convention sans Vergniaud ni Carnot, après la licence et les coups de force intermittents d'un directoire sans Hoche ni Bonaparte, il viendrait tôt ou tard, sous une forme ou sous une autre, un pouvoir réparateur auquel le pays ne demanderait qu'une chose : de l'ordre. Or, l'un des premiers actes d'un pareil pouvoir, quelle qu'en fût l'origine ou l'étiquette, serait d'imiter le premier consul, de rendre au clergé ses temples et à l'église une situation légale, de conclure, lui aussi, un concordat ; non point uniquement pour assurer la paix religieuse, sans laquelle il n'y a pas de paix véritable, mais pour donner à l'état et au pouvoir nouveau l'appui et le contrôle de la seule force restée vivante au milieu des ruines accumulées sur la patrie. A une semblable restauration, quelle serait la principale difficulté ? Ce ne serait pas, croyons-nous, l'opinion publique, ni la répugnance du pays ou de l'armée ; là où Bonaparte ne put se faire applaudir, un imitateur sans génie aurait bien des chances de l'être. L'obstacle, ce serait le budget, ce serait la pénurie d'argent ; car, malgré les économies faites sur le clergé, malgré la proverbiale richesse de la France, il y aurait longtemps que les expériences du radicalisme auraient détruit ce qui reste de nos finances. Que ferait-on ? Quelque chose d'analogue à ce qu'avait fait le premier consul, en partie pour les mêmes raisons. Faute d'argent, on commencerait par n'attribuer au budget des cultes qu'une dotation de quelques millions, de moins peut-être, sauf à l'augmenter peu à peu avec l'accroissement des ressources.

Qu'on vote la séparation, que la république rompe avec le Vatican, et il surgira, de son sein ou de ses ruines, un gouvernement pour négocier avec le successeur découronné de Pie VII et rouvrir en grande pompe les nefs de Notre-Dame au surplis des chantres et à la psalmodie latine. Qu'on dénonce le concordat ; quand MM. Goblet et Clemenceau feraient supprimer le budget des cultes, ils n'auraient pas besoin de vivre les années de La Réveillère-Lepeaux ou de Cambon, pour le voir rétabli.

Notes

1. Nous sommes heureux de nous rencontrer, sur ce point, avec M. E. Ollivier dans son Nouveau Manuel de droit ecclésiastique ; voyez notamment, p. 357 et 375.

2. Voyez, dans la Revue du 15 mai 1885, l'étude intitulée : les Mécomptes du libéralisme.

3. Esprit des lois, livre XXIV, chap. XIV.

4. Voyez les Catholiques libéraux, l'Église et le Libéralisme de 1830 à nos jours. Paris, 1885, chap. I.

5. Discours de Mirabeau à l'assemblée constituante, 30 octobre 1780.

6. L'article 1er de la constitution civile du clergé, décrétée le 12 juillet 1790, était ainsi libellé : « Les ministres de la religion exercent les premières et les plus importantes fonctions de la société ; .. ils seront défrayés par la nation. »

7. Discours du 30 octobre 1789.

8. Dans un second discours, le 2 novembre 1789, Mirabeau était peut-être plus explicite encore. Il déclarait que les biens ecclésiastiques avaient été « irrévocablement donnés, non point au clergé, mais à l'église, mais au service des autels, mais à l'entretien des temples, mais à la portion indigente de la société. »

9. Pour montrer ce qu'elle entendait par traitement convenable, l'assemblée constituante votait en même temps, toujours sur la proposition de Mirabeau, l'article suivant : « Que, dans les dispositions à faire pour subvenir à l'entretien des ministres de la religion, il ne puisse être assuré à la dotation d'aucun curé moins de 1,200 livres par année, non compris le logement et les jardins en dépendant. »

10. Bonaparte était si bien, à cet égard, l'héritier et le continuateur de la constituante que le concordat, article 14, reproduit les termes mêmes du « décret » de la constituante du 2 novembre 1789, et, comme ce dernier, promet aux ministres du culte un traitement « convenable. »

11. Articles 13 et 14 du concordat.

12. « Sous aucun prétexte, les fonds nécessaires à l'acquittement de la dette nationale ne pourront être refusés ni suspendus…

Le traitement des ministres du culte catholique fait partie de la dette nationale. » (Constitution de 1791, titre V, art. 2.)

13.   Voyez, notamment, Claude : les Plaintes des protestants, ouvrage réimprimé en 1885, par les soins de M. F. Puaux.

14.   Voyez, par exemple, M. Th. Reinach : Histoire des Israélites, p. 108 et passim.

15.   On pourrait appliquer le même raisonnement aux subventions accordées au culte musulman en Algérie. Le fait même de la conquête, l'attribution à l'état des biens destinés à l'entretien du culte, sans parler des promesses de la capitulation d'Alger, nous constituent une dette vis-à-vis de la religion de nos sujets mahométans.

16.   M. le marquis de Gabriac, l'Église et l'État, 1886.

17.   Décret de la convention du 17 septembre 1791.

18.   Voici, autant qu'il m'en souvient, avec leurs fautes mêmes de prosodie, quelques-uns de ces vers :

Dans le temple où régnait la molle oisiveté

Vous voyez aujourd'hui briller l'activité,

Les arts, la science, le génie

Et l'utile talent du la menuiserie.

19.   Il n'y a pas de statistique officielle des confessions religieuses, les dissidents s'y étant toujours opposés.

20.   Nous pouvons, à cet égard, renvoyer le lecteur à une substantielle étude de M. L. Ayral : Annales de l'École libre des sciences politiques, Janvier 1880. Cf. the Quarterly Review, janvier 1880 et la Contemporary Review, décembre 1885.

21.   Cela est d'autant plus manifeste que le concordat, article 15, garantit déjà aux catholiques la faculté « de faire en faveur des églises des fondations. »

22.   Voyez : les Catholiques libéraux, l'Église et le Libéralisme de 1830 à nos jours, p. 99, 100, et introduction, p. XIII.

23.   La Politique expérimentale, par M. L. Donnat.

ISBN : 978-1548026615